は　し　が　き

　平成 30 年 3 月に告示された高等学校学習指導要領が，令和 4 年度から年次進行で本格的に実施されます。

　今回の学習指導要領では，各教科等の目標及び内容が，育成を目指す資質・能力の三つの柱（「知識及び技能」，「思考力，判断力，表現力等」，「学びに向かう力，人間性等」）に沿って再整理され，各教科等でどのような資質・能力の育成を目指すのかが明確化されました。これにより，教師が「子供たちにどのような力が身に付いたか」という学習の成果を的確に捉え，主体的・対話的で深い学びの視点からの授業改善を図る，いわゆる「指導と評価の一体化」が実現されやすくなることが期待されます。

　また，子供たちや学校，地域の実態を適切に把握した上で教育課程を編成し，学校全体で教育活動の質の向上を図る「カリキュラム・マネジメント」についても明文化されました。カリキュラム・マネジメントの一側面として，「教育課程の実施状況を評価してその改善を図っていくこと」がありますが，このためには，教育課程を編成・実施し，学習評価を行い，学習評価を基に教育課程の改善・充実を図るという PDCA サイクルを確立することが重要です。このことも，まさに「指導と評価の一体化」のための取組と言えます。

　このように，「指導と評価の一体化」の必要性は，今回の学習指導要領において，より一層明確なものとなりました。そこで，国立教育政策研究所教育課程研究センターでは，「幼稚園，小学校，中学校，高等学校及び特別支援学校の学習指導要領等の改善及び必要な方策等について（答申）」（平成 28 年 12 月 21 日中央教育審議会）をはじめ，「児童生徒の学習評価の在り方について（報告）」（平成 31 年 1 月 21 日中央教育審議会初等中等教育分科会教育課程部会）や「小学校，中学校，高等学校及び特別支援学校等における児童生徒の学習評価及び指導要録の改善等について」（平成 31 年 3 月 29 日付初等中等教育局長通知）を踏まえ，令和 2 年 3 月に公表した小・中学校版に続き，高等学校版の「『指導と評価の一体化』のための学習評価に関する参考資料」を作成しました。

　本資料では，学習評価の基本的な考え方や，各教科等における評価規準の作成及び評価の実施等について解説しているほか，各教科等別に単元や題材に基づく学習評価について事例を紹介しています。各学校においては，本資料や各教育委員会等が示す学習評価に関する資料などを参考としながら，学習評価を含むカリキュラム・マネジメントを円滑に進めていただくことで，「指導と評価の一体化」を実現し，子供たちに未来の創り手となるために必要な資質・能力が育まれることを期待します。

　最後に，本資料の作成に御協力くださった方々に心から感謝の意を表します。

　令和 3 年 8 月

教 育 政 策 研 究 所

教育課程研究センター長

鈴 木 　敏 之

学習評価とは？

学習評価：学校での教育活動に関し、生徒の学習状況を評価するもの

学習評価を通して
- 教師が指導の改善を図る
- 生徒が自らの学習を振り返って次の学習に向かうことができるようにする

⇒評価を教育課程の改善に役立てる

学習評価について指摘されている課題

学習評価の現状については、学校や教師の状況によっては、以下のような課題があることが指摘されている。

- 学期末や学年末などの事後での評価に終始してしまうことが多く、評価の結果が児童生徒の具体的な学習改善につながっていない

- 現行の「関心・意欲・態度」の観点について、挙手の回数や毎時間ノートをとっているかなど、性格や行動面の傾向が一時的に表出された場面を捉える評価であるような誤解が払拭しきれていない

- 教師によって評価の方針が異なり、学習改善につなげにくい

- 教師が評価のための記録に労力を割かれて、指導に注力できない

- 相当な労力をかけて記述した指導要録が、次の学年や学校段階において十分に活用されていない

生徒の意見

先生によって観点の重みが違うんです。授業態度をとても重視する先生もいるし、テストだけで判断する先生もいます。そうすると、どう努力していけばよいのか本当に分かりにくいんです。
（中央教育審議会初等中等教育分科会教育課程部会児童生徒の学習評価に関するワーキンググループ第7回における高等学校三年生の意見より）

カリキュラム・マネジメントの一環としての指導と評価
「主体的・対話的で深い学び」の視点からの授業改善と評価

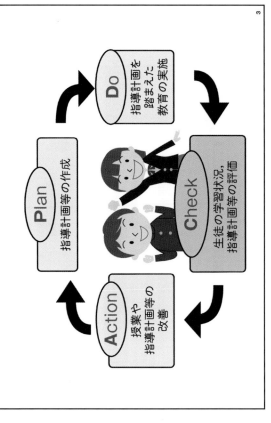

Plan 指導計画等の作成
Do 指導計画を踏まえた教育の実施
Check 生徒の学習状況、指導計画等の評価
Action 授業や指導計画等の改善

平成30年告示の学習指導要領における目標の構成

各教科等の「目標」「内容」の記述を、「知識及び技能」「思考力、判断力、表現力等」「学びに向かう力、人間性等」の資質・能力の3つの柱で再整理。

例えば、国語科では

平成21年告示高等学校学習指導要領

目標

国語
第1款　目標
国語を適切に表現し的確に理解する能力を育成し、伝え合う力を高めるとともに、思考力や想像力を伸ばし、心情を豊かにし、言語感覚を磨き、言語文化に対する関心を深め、国語を尊重してその向上を図る態度を育てる。

平成30年告示高等学校学習指導要領

国語
第1款　目標
言葉による見方・考え方を働かせ、言語活動を通して、国語で的確に理解し効果的に表現する資質・能力を次のとおり育成することを目指す。
(1)生涯にわたる社会生活に必要な国語について、その特質を理解し適切に使うことができるようにする。【知識及び技能】
(2)生涯にわたる社会生活における他者との関わりの中で伝え合う力を高め、思考力や想像力を伸ばす。【思考力、判断力、表現力等】
(3)言葉のもつ価値への認識を深めるとともに、言語感覚を磨き、我が国の言語文化の担い手としての自覚をもち、生涯にわたり国語を尊重してその能力の向上を図る態度を養う。【学びに向かう力、人間性等】

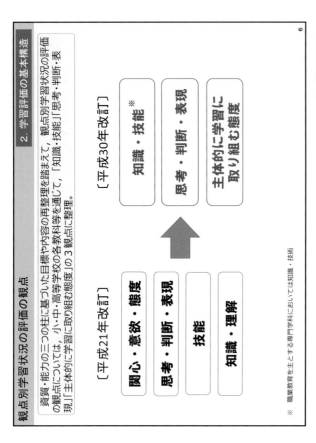

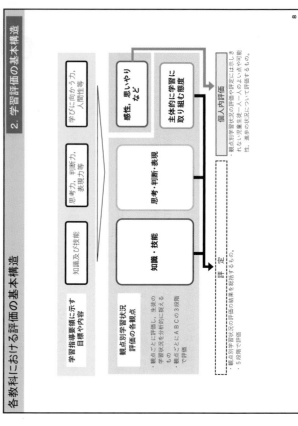

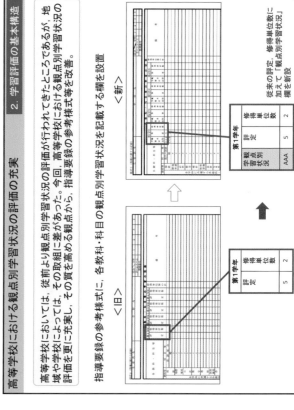

「思考・判断・表現」の評価

次のようなエ夫が考えられる

- ●ペーパーテストにおいて，出題の仕方を工夫して評価
- ●論述やレポートを課して評価
- ●発表やグループでの話合いなどの場面で評価
- ●作品の制作などにおいて多様な表現活動を設け，ポートフォリオを活用して評価

「知識・技能」の評価

次のようなエ夫が考えられる

- ●授業において

  それぞれの教科等の特質に応じ，観察・実験をしたり，式やグラフで表現したりするなど学習した知識や技能を用いる場面を設け評価

- ●ペーパーテストにおいて

  事実的な知識の習得を問う問題と知識の概念的な理解を問う問題とのバランスに配慮して出題し評価

「主体的に学習に取り組む態度」の評価

「主体的に学習に取り組む態度」の評価のイメージ

②自らの学習を調整しようとする側面

①粘り強い取組を行おうとする側面

「十分満足できる」状況(A)

「おおむね満足できる」状況(B)

「努力を要する」状況(C)

○主体的に学習に取り組む態度の評価については，①知識及び技能を獲得したり，思考力，判断力，表現力等を身に付けたりすることに向けた粘り強い取組を行おうとする側面と，②の粘り強い取組を行う中で，自らの学習を調整しようとする側面，という二つの側面から評価することが求められる。

○これら①②の姿は実際の教科等の学びの中では別々ではなく相互に関わり合いながら立ち現れるものと考えられる。例えば，自らの学習を全く調整しようとせず粘り強く取り組み続ける姿や，粘り強さが全くない中で自らの学習を調整する姿は一般的ではない。

「主体的に学習に取り組む態度」については，①知識及び技能を獲得したり，思考力，判断力，表現力等を身に付けたりすることに向けた粘り強い取組の中で，②自らの学習を調

「主体的に学習に取り組む態度」の評価

「学びに向かう力，人間性等」

イ 観点別学習状況の評価にはなじまない部分（感性，思いやり等）

ア 「主体的に学習に取り組む態度」として観点別学習状況の評価を通じて見取ることができる部分

個人内評価（生徒一人一人のよい点や可能性，進歩の状況について見取るもの）等を通じて見取る。

※ 特に感性や思いやりなど生徒一人一人のよい点や可能性，進歩の状況などについては，積極的に評価し生徒に伝えることが重要。

知識及び技能を獲得したり，思考力，判断力，表現力等を身に付けたりすることに向けた粘り強い取組の中で，自らの学習を調整しようとしているかどうかを含めて評価する。

「学びに向かう力，人間性等」には，⑦主体的に学習に取り組む態度として観点別学習状況の評価を通じて見取ることができる部分と，⑦観点別学習状況の評価や評定にはなじまない部分がある。

観点別評価の進め方

「内容のまとまり」ごとの評価規準を作成する → 単元（題材）の目標を作成する → 単元（題材）の評価規準を作成する

指導と評価の計画を立てる → 授業（指導と評価）を行う → 評価の総括を行う

総括に用いる評価の記録については、場面を精選する

※ 職業教育を主とする専門学科においては、学習指導要領の規定から、「指導項目」ごとの評価規準、とする。

14

学習評価を行う上での各学校における留意事項②

学校全体としての組織的かつ計画的な取組

教師の勤務負担軽減を図りながら学習評価の妥当性や信頼性が高められるよう、学校全体としての組織的かつ計画的な取組を行うことが重要。

※例えば以下の取組が考えられる。
・教師同士での評価規準や評価方法の検討、明確化
・実践事例の蓄積・共有
・評価結果の検討等を通じた教師の力量の向上
・校内組織（学年会や教科等部会等）の活用

16

「主体的に学習に取り組む態度」の評価

● 「自らの学習を調整しようとする側面」について
自らの学習状況を振り返って把握し、学習の進め方について試行錯誤する（微調整を繰り返す）などの意思的な側面

指導において次のような工夫も大切
■ 生徒が自らの理解状況を振り返ることができるような発問を工夫したり指示したりする
■ 内容のまとまりの中で、話し合ったり他の生徒との協働を通じて自らの考えを相対化するような場面を設ける

◎ ここでの評価は、生徒の学習の調整が適切に行われているかどうかを必ずしも判断するものではない。学習の調整が適切に行われていない場合には、教師の指導が求められる。

13

学習評価を行う上での各学校における留意事項①

評価の方針等の生徒との共有

学習評価の妥当性や信頼性を高めるとともに、生徒自身に学習の見通しをもたせるため、学習評価の方針を事前に生徒に共有する場面を必要に応じて設ける。

観点別学習状況の評価を行う場面の精選

観点別学習状況の評価に係る記録は、毎回の授業ではなく、単元や題材などの内容のまとまりごとに行うことにするなど、評価場面を適切に把握して指導の改善に生かすことに重点を置くことが重要。
※日々の授業における生徒の学習状況を適宜把握して指導の改善に生かすことが重要。

外部試験や検定等の学習評価への利用

外部試験や検定等（高校生のための学びの基礎診断の認定を受けた測定ツールなど）の結果を、指導や評価の改善につなげることも重要。
※外部試験や検定等は、学習指導要領の目標に準拠した学習評価の補完材料である（外部試験等の結果そのものでない場合があることから、教師が行う学習評価に代わるものではない）ことに十分留意が必要であること。

15

目次

※本冊子については，改訂後の常用漢字表（平成22年11月30日内閣告示）に基づいて表記しています（学習指導要領及び初等中等教育局長通知等の引用部分を除く）。

〔巻頭資料（スライド）について〕

　巻頭資料（スライド）は，学習評価に関する基本事項を簡潔にまとめたものです。巻頭資料の記載に目を通し概略を把握することで，本編の内容を読み進める上での一助となることや，各自治体や各学校における研修等で使用する資料の参考となることを想定しています。記載内容は最小限の情報になっているので，詳細については，本編を御参照ください。

第1編

総説

第1編　総説

本編においては，以下の資料について，それぞれ略称を用いることとする。

答申：「幼稚園，小学校，中学校，高等学校及び特別支援学校の学習指導要領等の改善
　　　　及び必要な方策等について（答申）」　平成28年12月21日　中央教育審議会
報告：「児童生徒の学習評価の在り方について（報告）」　平成31年1月21日　中央教
　　　　育審議会　初等中等教育分科会　教育課程部会
改善等通知：「小学校，中学校，高等学校及び特別支援学校等における児童生徒の学習
　　　　評価及び指導要録の改善等について（通知）」　平成31年3月29日　初等中等
　　　　教育局長通知

第1章　平成30年の高等学校学習指導要領改訂を踏まえた学習評価の改善

1　はじめに

　学習評価は，学校における教育活動に関し，生徒の学習状況を評価するものである。答申にもあるとおり，生徒の学習状況を的確に捉え，教師が指導の改善を図るとともに，生徒が自らの学びを振り返って次の学びに向かうことができるようにするためには，学習評価の在り方が極めて重要である。

　各教科等の評価については，「観点別学習状況の評価」と「評定」が学習指導要領に定める目標に準拠した評価として実施するものとされている[1]。観点別学習状況の評価とは，学校における生徒の学習状況を，複数の観点から，それぞれの観点ごとに分析的に捉える評価のことである。生徒が各教科等での学習において，どの観点で望ましい学習状況が認められ，どの観点に課題が認められるかを明らかにすることにより，具体的な指導や学習の改善に生かすことを可能とするものである。各学校において目標に準拠した観点別学習状況の評価を行うに当たっては，観点ごとに評価規準を定める必要がある。評価規準とは，観点別学習状況の評価を的確に行うため，学習指導要領に示す目標の実現の状況を判断するよりどころを表現したものである。本参考資料は，観点別学習状況の評価を実施する際に必要となる評価規準等，学習評価を行うに当たって参考となる情報をまとめたものである。

　以下，文部省指導資料から，評価規準について解説した部分を参考として引用する。

---

[1] 各教科の評価については，観点別学習状況の評価と，これらを総括的に捉える「評定」の両方について実施するものとされており，観点別学習状況の評価や評定には示しきれない生徒の一人一人のよい点や可能性，進歩の状況については，「個人内評価」として実施するものとされている（P.6〜11に後述）。

> （参考）評価規準の設定（抄）
>
> （文部省「小学校教育課程一般指導資料」（平成5年9月）より）
>
> 　新しい指導要録（平成3年改訂）では，観点別学習状況の評価が効果的に行われるようにするために，「各観点ごとに学年ごとの評価規準を設定するなどの工夫を行うこと」と示されています。
>
> 　これまでの指導要録においても，観点別学習状況の評価を適切に行うため，「観点の趣旨を学年別に具体化することなどについて工夫を加えることが望ましいこと」とされており，教育委員会や学校では目標の達成の度合いを判断するための基準や尺度などの設定について研究が行われてきました。
>
> 　しかし，それらは，ともすれば知識・理解の評価が中心になりがちであり，また「目標を十分達成（＋）」，「目標をおおむね達成（空欄）」及び「達成が不十分（－）」ごとに詳細にわたって設定され，結果としてそれを単に数量的に処理することに陥りがちであったとの指摘がありました。
>
> 　今回の改訂においては，学習指導要領が目指す学力観に立った教育の実践に役立つようにすることを改訂方針の一つとして掲げ，各教科の目標に照らしてその実現の状況を評価する観点別学習状況を各教科の学習の評価の基本に据えることとしました。したがって，評価の観点についても，学習指導要領に示す目標との関連を密にして設けられています。
>
> 　このように，学習指導要領が目指す学力観に立つ教育と指導要録における評価とは一体のものであるとの考え方に立って，各教科の目標の実現の状況を「関心・意欲・態度」，「思考・判断・表現」，「技能・表現（または技能）」及び「知識・理解」の観点ごとに適切に評価するため，「評価規準を設定する」ことを明確に示しているものです。
>
> 　「評価規準」という用語については，先に述べたように，新しい学力観に立って子供たちが自ら獲得し身に付けた資質や能力の質的な面，すなわち，学習指導要領の目標に基づく幅のある資質や能力の育成の実現状況の評価を目指すという意味から用いたものです。

2　平成30年の高等学校学習指導要領改訂を踏まえた学習評価の意義
（1）学習評価の充実

　平成30年に改訂された高等学校学習指導要領総則においては，学習評価の充実について新たに項目が置かれている。具体的には，学習評価の目的等について以下のように示し，単元や題材など内容や時間のまとまりを見通しながら，生徒の主体的・対話的で深い学びの実現に向けた授業改善を行うと同時に，評価の場面や方法を工夫して，学習の過程や成果を評価することを示し，授業の改善と評価の改善を両輪として行っていくことの必要性が明示されている。

> ・生徒のよい点や進歩の状況などを積極的に評価し，学習したことの意義や価値を実感できるようにすること。また，各教科・科目等の目標の実現に向けた学習状況を把握する観点から，単元や題材など内容や時間のまとまりを見通しながら評価の場面や方法を工夫して，学習の過程や成果を評価し，指導の改善や学習意欲の向上を図り，資質・能力の育成に生かすようにすること。
> ・創意工夫の中で学習評価の妥当性や信頼性が高められるよう，組織的かつ計画的な取組を推進するとともに，学年や学校段階を越えて生徒の学習の成果が円滑に接続されるように工夫すること。

（高等学校学習指導要領 第1章 総則 第3款 教育課程の実施と学習評価　2 学習評価の充実）

　報告では現状の学習評価の課題として，学校や教師の状況によっては，学期末や学年末などの事後での評価に終始してしまうことが多く，評価の結果が生徒の具体的な学習改善につながっていないなどの指摘があるとしている。このため，学習評価の充実に当たっては，いわゆる評価のための評価に終わることのないよう指導と評価の一体化を図り，学習の成果だけでなく，学習の過程を一層重視し，生徒が自分自身の目標や課題をもって学習を進めていけるように評価を行うことが大切である。

　また，報告においては，教師によって学習評価の方針が異なり，生徒が学習改善につなげにくいといった現状の課題も指摘されている。平成29年度文部科学省委託調査「学習指導と学習評価に対する意識調査」（以下「平成29年度文科省意識調査」）では，学習評価への取組状況について，「A：校内で評価方法や評価規準を共有したり，授業研究を行ったりして，学習評価の改善に，学校全体で取り組んでいる」「B：評価規準の改善，評価方法の研究などは，教員個人に任されている」の二つのうちどちらに近いか尋ねたところ，高等学校では「B」又は「どちらかと言うとB」が約55％を占めている。このような現状を踏まえ，特に高等学校においては，学習評価の妥当性や信頼性を高め，授業改善や組織運営の改善に向けた学校教育全体の取組に位置付ける観点から，組織的かつ計画的に取り組むようにすることが必要である。

（2）カリキュラム・マネジメントの一環としての指導と評価

　各学校における教育活動の多くは，学習指導要領等に従い生徒や地域の実態を踏まえて編成された教育課程の下，指導計画に基づく授業（学習指導）として展開される。各学校では，生徒の学習状況を評価し，その結果を生徒の学習や教師による指導の改善や学校全体としての教育課程の改善等に生かし，学校全体として組織的かつ計画的に教育活動の質の向上を図っていくことが必要である。このように，「学習指導」と「学習評価」は学校の教育活動の根幹に当たり，教育課程に基づいて組織的かつ計画的に教育活動の質の向上を図る「カリキュラム・マネジメント」の中核的な役割を担っているのである。

（3）主体的・対話的で深い学びの視点からの授業改善と評価

　　指導と評価の一体化を図るためには，生徒一人一人の学習の成立を促すための評価という視点を一層重視し，教師が自らの指導のねらいに応じて授業での生徒の学びを振り返り，学習や指導の改善に生かしていくことが大切である。すなわち，平成30年に改訂された高等学校学習指導要領で重視している「主体的・対話的で深い学び」の視点からの授業改善を通して各教科等における資質・能力を確実に育成する上で，学習評価は重要な役割を担っている。

（4）学習評価の改善の基本的な方向性

　　（1）～（3）で述べたとおり，学習指導要領改訂の趣旨を実現するためには，学習評価の在り方が極めて重要であり，すなわち，学習評価を真に意味のあるものとし，指導と評価の一体化を実現することがますます求められている。

　　このため，報告では，以下のように学習評価の改善の基本的な方向性が示された。

① 児童生徒の学習改善につながるものにしていくこと

② 教師の指導改善につながるものにしていくこと

③ これまで慣行として行われてきたことでも，必要性・妥当性が認められないものは見直していくこと

3　平成30年の高等学校学習指導要領改訂を受けた評価の観点の整理

　　平成30年改訂学習指導要領においては，知・徳・体にわたる「生きる力」を生徒に育むために「何のために学ぶのか」という各教科等を学ぶ意義を共有しながら，授業の創意工夫や教科書等の教材の改善を促すため，全ての教科・科目等の目標及び内容を「知識及び技能」，「思考力，判断力，表現力等」，「学びに向かう力，人間性等」の育成を目指す資質・能力の三つの柱で再整理した（図1参照）。知・徳・体のバランスのとれた「生きる力」を育むことを目指すに当たっては，各教科・科目等の指導を通してどのような資質・能力の育成を目指すのかを明確にしながら教育活動の充実を図ること，その際には，生徒の発達の段階や特性を踏まえ，三つの柱に沿った資質・能力の育成がバランスよく実現できるよう留意する必要がある。

図1

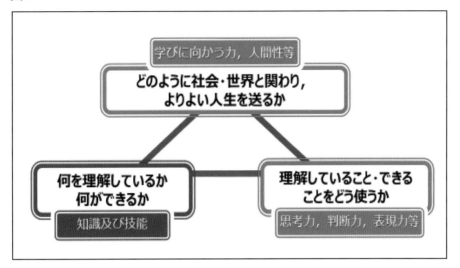

　観点別学習状況の評価については，こうした教育目標や内容の再整理を踏まえて，小・中・高等学校の各教科を通じて，4観点から3観点に整理された（図2参照）。

図2

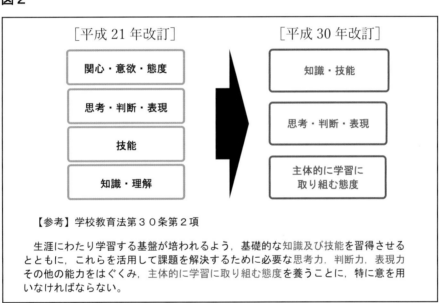

4　平成30年の高等学校学習指導要領改訂における各教科・科目の学習評価

　各教科・科目の学習評価においては，平成30年改訂においても，学習状況を分析的に捉える「観点別学習状況の評価」と，これらを総括的に捉える「評定」の両方について，学習指導要領に定める目標に準拠した評価として実施するものとされた。

　同時に，答申では「観点別学習状況の評価」について，高等学校では，知識量のみを問うペーパーテストの結果や，特定の活動の結果などのみに偏重した評価が行われているのではないかとの懸念も示されており，指導要録の様式の改善などを通じて評価の観点を明確にし，観点別学習状況の評価を更に普及させていく必要があるとされた。報告ではこの点について，以下のとおり示されている。

【高等学校における観点別学習状況の評価の扱いについて】

○　高等学校においては，従前より観点別学習状況の評価が行われてきたところであるが，地域や学校によっては，その取組に差があり，形骸化している場合があるとの指摘もある。「平成29年度文科省意識調査」では，高等学校が指導要録に観点別学習状況の評価を記録している割合は，13.3％にとどまる。そのため，高等学校における観点別学習状況の評価を更に充実し，その質を高める観点から，今後国が発出する学習評価及び指導要録の改善等に係る通知の「高等学校及び特別支援学校高等部の指導要録に記載する事項等」において，観点別学習状況の評価に係る説明を充実するとともに，指導要録の参考様式に記載欄を設けることとする。

　　これを踏まえ，改善等通知においては，高等学校生徒指導要録に新たに観点別学習状況の評価の記載欄を設けることとした上で，以下のように示されている。

【高等学校生徒指導要録】（学習指導要領に示す各教科・科目の取扱いは次のとおり）
［各教科・科目の学習の記録］
Ⅰ　観点別学習状況

　　学習指導要領に示す各教科・科目の目標に基づき，学校が生徒や地域の実態に即して定めた当該教科・科目の目標や内容に照らして，その実現状況を観点ごとに評価し記入する。その際，

　　　　「十分満足できる」状況と判断されるもの：A

　　　　「おおむね満足できる」状況と判断されるもの：B

　　　　「努力を要する」状況と判断されるもの：C

のように区別して評価を記入する。

Ⅱ　評定

　　各教科・科目の評定は，学習指導要領に示す各教科・科目の目標に基づき，学校が生徒や地域の実態に即して定めた当該教科・科目の目標や内容に照らし，その実現状況を総括的に評価して，

　　　　「十分満足できるもののうち，特に程度が高い」状況と判断されるもの：5

　　　　「十分満足できる」状況と判断されるもの：4

　　　　「おおむね満足できる」状況と判断されるもの：3

　　　　「努力を要する」状況と判断されるもの：2

　　　　「努力を要すると判断されるもののうち，特に程度が低い」状況と判断されるもの：1

のように区別して評価を記入する。

　　評定は各教科・科目の学習の状況を総括的に評価するものであり，「観点別学習状況」において掲げられた観点は，分析的な評価を行うものとして，各教科・科目の評定を行う場合において基本的な要素となるものであることに十分留意する。その際，評定の適切な決定方法等については，各学校において定める。

　「平成29年度文科省意識調査」では，「観点別学習状況の評価は実践の蓄積があり，定着してきている」に対する「そう思う」又は「まあそう思う」との回答の割合は，小学校・中学校では80％を超えるのに対し，高等学校では約45％にとどまっている。このような現状を踏まえ，今後高等学校においては，観点別学習状況の評価を更に充実し，その質を高めることが求められている。

　また，観点別学習状況の評価や評定には示しきれない生徒一人一人のよい点や可能性，進歩の状況については，「個人内評価」として実施するものとされている。改善等通知においては，「観点別学習状況の評価になじまず個人内評価の対象となるものについては，児童生徒が学習したことの意義や価値を実感できるよう，日々の教育活動等の中で児童生徒に伝えることが重要であること。特に『学びに向かう力，人間性等』のうち『感性や思いやり』など児童生徒一人一人のよい点や可能性，進歩の状況などを積極的に評価し児童生徒に伝えることが重要であること。」と示されている。

　「３　平成30年の高等学校学習指導要領改訂を受けた評価の観点の整理」も踏まえて各教科における評価の基本構造を図示化すると，以下のようになる（図３参照）。

図3

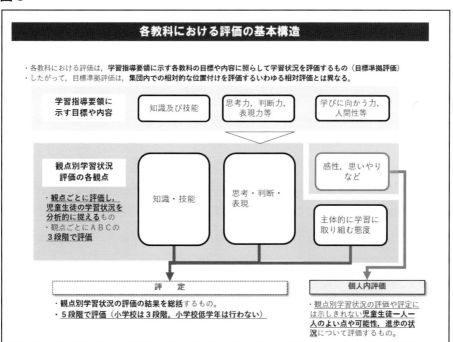

　上記の，「各教科における評価の基本構造」を踏まえた3観点の評価それぞれについての考え方は，以下の（1）～（3）のとおりとなる。なお，この考え方は，総合的な探究の時間，特別活動においても同様に考えることができる。

（1）「知識・技能」の評価について

　「知識・技能」の評価は，各教科等における学習の過程を通した知識及び技能の習得状況について評価を行うとともに，それらを既有の知識及び技能と関連付けたり活用したりする中で，他の学習や生活の場面でも活用できる程度に概念等を理解したり，技能を習得したりしているかについても評価するものである。

　「知識・技能」におけるこのような考え方は，従前の「知識・理解」（各教科等において習得すべき知識や重要な概念等を理解しているかを評価），「技能」（各教科等において習得すべき技能を身に付けているかを評価）においても重視してきたものである。

　具体的な評価の方法としては，ペーパーテストにおいて，事実的な知識の習得を問う問題と，知識の概念的な理解を問う問題とのバランスに配慮するなどの工夫改善を図るとともに，例えば，生徒が文章による説明をしたり，各教科等の内容の特質に応じて，観察・実験したり，式やグラフで表現したりするなど，実際に知識や技能を用いる場面を設けるなど，多様な方法を適切に取り入れていくことが考えられる。

（2）「思考・判断・表現」の評価について

　「思考・判断・表現」の評価は，各教科等の知識及び技能を活用して課題を解決する等のために必要な思考力，判断力，表現力等を身に付けているかを評価するものである。

　「思考・判断・表現」におけるこのような考え方は，従前の「思考・判断・表現」の観点においても重視してきたものである。「思考・判断・表現」を評価するためには，教師は「主体的・対話的で深い学び」の視点からの授業改善をする中で，生徒が思考・判断・表現する場面を効果的に設計するなどした上で，指導・評価することが求められる。

　具体的な評価の方法としては，ペーパーテストのみならず，論述やレポートの作成，発表，グループでの話合い，作品の制作や表現等の多様な活動を取り入れたり，それらを集めたポートフォリオを活用したりするなど評価方法を工夫することが考えられる。

（3）「主体的に学習に取り組む態度」の評価について

　答申において「学びに向かう力，人間性等」には，①「主体的に学習に取り組む態度」として観点別学習状況の評価を通じて見取ることができる部分と，②観点別学習状況の評価や評定にはなじまず，こうした評価では示しきれないことから個人内評価を通じて見取る部分があることに留意する必要があるとされている。すなわち，②については観点別学習状況の評価の対象外とする必要がある。

　「主体的に学習に取り組む態度」の評価に際しては，単に継続的な行動や積極的な発言を行うなど，性格や行動面の傾向を評価するということではなく，各教科等の「主体的に学習に取り組む態度」に係る観点の趣旨に照らして，知識及び技能を習得したり，思考力，判断力，表現力等を身に付けたりするために，自らの学習状況を把握し，学習の進め方について試行錯誤するなど自らの学習を調整しながら，学ぼうとしているか

どうかという意思的な側面を評価することが重要である。

　従前の「関心・意欲・態度」の観点も，各教科等の学習内容に関心をもつことのみならず，よりよく学ぼうとする意欲をもって学習に取り組む態度を評価するという考え方に基づいたものであり，この点を「主体的に学習に取り組む態度」として改めて強調するものである。

　本観点に基づく評価は，「主体的に学習に取り組む態度」に係る各教科等の評価の観点の趣旨に照らして，

①　知識及び技能を獲得したり，思考力，判断力，表現力等を身に付けたりすることに向けた粘り強い取組を行おうとしている側面

②　①の粘り強い取組を行う中で，自らの学習を調整しようとする側面

という二つの側面を評価することが求められる[2]（図4参照）。

　ここでの評価は，生徒の学習の調整が「適切に行われているか」を必ずしも判断するものではなく，学習の調整が知識及び技能の習得などに結び付いていない場合には，教師が学習の進め方を適切に指導することが求められる。

　具体的な評価の方法としては，ノートやレポート等における記述，授業中の発言，教師による行動観察や生徒による自己評価や相互評価等の状況を，教師が評価を行う際に考慮する材料の一つとして用いることなどが考えられる。

図4

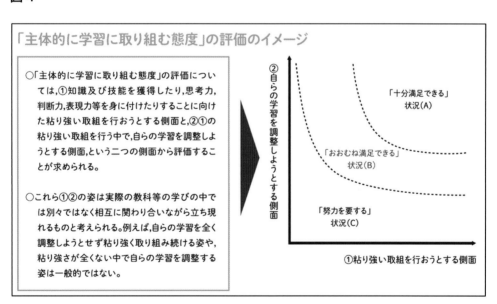

―――――――――――

[2]　これら①②の姿は実際の教科等の学びの中では別々ではなく相互に関わり合いながら立ち現れるものと考えられることから，実際の評価の場面においては，双方の側面を一体的に見取ることも想定される。例えば，自らの学習を全く調整しようとせず粘り強く取り組み続ける姿や，粘り強さが全くない中で自らの学習を調整する姿は一般的ではない。

なお，学習指導要領の「2　内容」に記載のない「主体的に学習に取り組む態度」の評価については，後述する第2章1（2）を参照のこと[3]。

5　改善等通知における総合的な探究の時間，特別活動の指導要録の記録

改善等通知においては，各教科の学習の記録とともに，以下の（1），（2）の各教科等の指導要録における学習の記録について以下のように示されている。

（1）総合的な探究の時間について

改善等通知別紙3には，「総合的な探究の時間の記録については，この時間に行った学習活動及び各学校が自ら定めた評価の観点を記入した上で，それらの観点のうち，生徒の学習状況に顕著な事項がある場合などにその特徴を記入する等，生徒にどのような力が身に付いたかを文章で端的に記述する」とされている。また，「評価の観点については，高等学校学習指導要領等に示す総合的な探究の時間の目標を踏まえ，各学校において具体的に定めた目標，内容に基づいて別紙5を参考に定める」とされている。

（2）特別活動について

改善等通知別紙3には，「特別活動の記録については，各学校が自ら定めた特別活動全体に係る評価の観点を記入した上で，各活動・学校行事ごとに，評価の観点に照らして十分満足できる活動の状況にあると判断される場合に，〇印を記入する」とされている。また，「評価の観点については，高等学校学習指導要領等に示す特別活動の目標を踏まえ，各学校において別紙5を参考に定める。その際，特別活動の特質や学校として重点化した内容を踏まえ，例えば『主体的に生活や人間関係をよりよくしようとする態度』などのように，より具体的に定めることも考えられる。記入に当たっては，特別活動の学習が学校やホームルームにおける集団活動や生活を対象に行われるという特質に留意する」とされている。

なお，特別活動は学級担任以外の教師が指導する活動もあることから，評価体制を確立し，共通理解を図って，生徒のよさや可能性を多面的・総合的に評価するとともに，確実に資質・能力が育成されるよう指導の改善に生かすことが求められる。

---

[3] 各教科等によって，評価の対象に特性があることに留意する必要がある。例えば，保健体育科の体育に関する科目においては，公正や協力などを，育成する「態度」として学習指導要領に位置付けており，各教科等の目標や内容に対応した学習評価が行われることとされている。

6 障害のある生徒の学習評価について

学習評価に関する基本的な考え方は，障害のある生徒の学習評価についても同様である。

障害のある生徒については，特別支援学校等の助言又は援助を活用しつつ，個々の生徒の障害の状態や特性及び心身の発達の段階に応じた指導内容や指導方法の工夫を行い，その評価を適切に行うことが必要である。また，指導内容や指導方法の工夫については，学習指導要領の各教科・科目の「指導計画の作成と内容の取扱い」の「指導計画作成上の配慮事項」の「障害のある生徒への配慮についての事項」についての学習指導要領解説も参考となる。

7 評価の方針等の生徒や保護者への共有について

学習評価の妥当性や信頼性を高めるとともに，生徒自身に学習の見通しをもたせるために，学習評価の方針を事前に生徒と共有する場面を必要に応じて設けることが求められており，生徒に評価の結果をフィードバックする際にも，どのような方針によって評価したのかを改めて生徒に共有することも重要である。

また，学習指導要領下での学習評価の在り方や基本方針等について，様々な機会を捉えて保護者と共通理解を図ることが非常に重要である。

第2章　学習評価の基本的な流れ
1　各学科に共通する各教科における評価規準の作成及び評価の実施等について
（1）目標と「評価の観点及びその趣旨」との対応関係について

　　　評価規準の作成に当たっては，各学校の実態に応じて目標に準拠した評価を行うために，「評価の観点及びその趣旨[4]」が各教科の目標を踏まえて作成されていることを確認することが必要である[5]。また，教科の目標と「評価の観点及びその趣旨」との関係性を踏まえ，科目の目標に対する「評価の観点の趣旨」を作成することが必要である。

　　　なお，「主体的に学習に取り組む態度」の観点は，教科・科目の目標の（3）に対応するものであるが，観点別学習状況の評価を通じて見取ることができる部分をその内容として整理し，示していることを確認することが必要である（図5，6参照）。

図5

【学習指導要領「教科の目標」】

学習指導要領　各教科の「第1款　目標」等

(1)	(2)	(3)
（知識及び技能に関する目標）	（思考力，判断力，表現力等に関する目標）	（学びに向かう力，人間性等に関する目標）[6]

【改善等通知　別紙5「評価の観点及びその趣旨」】

観点	知識・技能	思考・判断・表現	主体的に学習に取り組む態度
趣旨	（知識・技能の観点の趣旨）	（思考・判断・表現の観点の趣旨）	（主体的に学習に取り組む態度の観点の趣旨）

[4] 各教科等の学習指導要領の目標の規定を踏まえ，観点別学習状況の評価の対象とするものについて整理したものが教科等の観点の趣旨である。

[5] 芸術科においては，「第2款　各科目」における音楽Ⅰ～Ⅲ，美術Ⅰ～Ⅲ，工芸Ⅰ～Ⅲ，書道Ⅰ～Ⅲについて，それぞれ科目の目標を踏まえて「評価の観点及びその趣旨」が作成されている。

[6] 学びに向かう力，人間性等に関する目標には，個人内評価として実施するものも含まれている。

図6

【学習指導要領「科目の目標」】

　学習指導要領　各教科の「第2款　各科目」における科目の目標

(1)	(2)	(3)
（知識及び技能に関する目標）	（思考力，判断力，表現力等に関する目標）	（学びに向かう力，人間性等に関する目標）[7]

観点	知識・技能	思考・判断・表現	主体的に学習に取り組む態度
趣旨	（知識・技能の観点の趣旨）	（思考・判断・表現の観点の趣旨）	（主体的に学習に取り組む態度の観点の趣旨）
	科目の目標に対する「評価の観点の趣旨」は各学校等において作成する		

（2）「内容のまとまりごとの評価規準」について

　　本参考資料では，評価規準の作成等について示す。具体的には，第2編において学習指導要領の規定から「内容のまとまりごとの評価規準」を作成する際の手順を示している。ここでの「内容のまとまり」とは，学習指導要領に示す各教科等の「第2款　各科目」における各科目の「1　目標」及び「2　内容」の項目等をそのまとまりごとに細分化したり整理したりしたものである[8]。平成30年に改訂された高等学校学習指導要領においては資質・能力の三つの柱に基づく構造化が行われたところであり，各学科に共通する各教科においては，学習指導要領に示す各教科の「第2款 各科目」の「2　内容」

---

[7] 脚注6を参照

[8] 各教科等の学習指導要領の「第3款　各科目にわたる指導計画の作成と内容の取扱い」1(1)に「単元（題材）などの内容や時間のまとまり」という記載があるが，この「内容や時間のまとまり」と，本参考資料における「内容のまとまり」は同義ではないことに注意が必要である。前者は，主体的・対話的で深い学びを実現するため，主体的に学習に取り組めるよう学習の見通しを立てたり学習したことを振り返ったりして自身の学びや変容を自覚できる場面をどこに設定するか，対話によって自分の考えなどを広げたり深めたりする場面をどこに設定するか，学びの深まりをつくりだすために，生徒が考える場面と教師が教える場面をどのように組み立てるか，といった視点による授業改善は，1単位時間の授業ごとに考えるのではなく，単元や題材などの一定程度のまとまりごとに検討されるべきであることが示されたものである。後者（本参考資料における「内容のまとまり」）については，本文に述べるとおりである。

において[9]，「内容のまとまり」ごとに育成を目指す資質・能力が示されている。このため，「2　内容」の記載はそのまま学習指導の目標となりうるものである[10]。学習指導要領の目標に照らして観点別学習状況の評価を行うに当たり，生徒が資質・能力を身に付けた状況を表すために，「2　内容」の記載事項の文末を「〜すること」から「〜している」と変換したもの等を，本参考資料において「内容のまとまりごとの評価規準」と呼ぶこととする[11]。

　ただし，「主体的に学習に取り組む態度」に関しては，特に，生徒の学習への継続的な取組を通して現れる性質を有すること等から[12]，「2　内容」に記載がない[13]。そのため，各科目の「1　目標」を参考にして作成した科目の目標に対する「評価の観点の趣旨」を踏まえつつ，必要に応じて，改善等通知別紙5に示された評価の観点の趣旨のうち「主体的に学習に取り組む態度」に関わる部分を用いて「内容のまとまりごとの評価規準」を作成する必要がある。

　なお，各学校においては，「内容のまとまりごとの評価規準」の考え方を踏まえて，各学校の実態を考慮し，単元や題材の評価規準等，学習評価を行う際の評価規準を作成する。

---

[9] 外国語においては「第2款 各科目」の「1　目標」である。

[10] 「2　内容」において示されている指導事項等を整理することで「内容のまとまり」を構成している教科もある。この場合は，整理した資質・能力をもとに，構成された「内容のまとまり」に基づいて学習指導の目標を設定することとなる。また，目標や評価規準の設定は，教育課程を編成する主体である各学校が，学習指導要領に基づきつつ生徒や学校，地域の実情に応じて行うことが必要である。

[11] 各学科に共通する各教科第9節家庭については，学習指導要領の「第1款　目標」(2)及び「第2款　各科目」の「1　目標」(2)に思考力・判断力・表現力等の育成に係る学習過程が記載されているため，これらを踏まえて「内容のまとまりごとの評価規準」を作成する必要がある。

[12] 各教科等の特性によって単元や題材など内容や時間のまとまりはさまざまであることから，評価を行う際は，それぞれの実現状況が把握できる段階について検討が必要である。

[13] 各教科等によって，評価の対象に特性があることに留意する必要がある。例えば，保健体育科の体育に関する科目においては，公正や協力などを，育成する「態度」として学習指導要領に位置付けており，各教科等の目標や内容に対応した学習評価が行われることとされている。

（3）「内容のまとまりごとの評価規準」を作成する際の基本的な手順

各教科における[14]，「内容のまとまりごとの評価規準」を作成する際の基本的な手順は以下のとおりである。

学習指導要領に示された教科及び科目の目標を踏まえて，「評価の観点及びその趣旨」が作成されていることを理解した上で，

① 各教科における「内容のまとまり」と「評価の観点」との関係を確認する。

② 【観点ごとのポイント】を踏まえ，「内容のまとまりごとの評価規準」を作成する。

（4）評価の計画を立てることの重要性

学習指導のねらいが生徒の学習状況として実現されたかについて，評価規準に照らして観察し，毎時間の授業で適宜指導を行うことは，育成を目指す資質・能力を生徒に育むためには不可欠である。その上で，評価規準に照らして，観点別学習状況の評価をするための記録を取ることになる。そのためには，いつ，どのような方法で，生徒について観点別学習状況を評価するための記録を取るのかについて，評価の計画を立てることが引き続き大切である。

しかし，毎時間生徒全員について記録を取り，総括の資料とするために蓄積することは現実的ではないことからも，生徒全員の学習状況を記録に残す場面を精選し，かつ適切に評価するための評価の計画が一層重要になる。

（5）観点別学習状況の評価に係る記録の総括

適切な評価の計画の下に得た，生徒の観点別学習状況の評価に係る記録の総括の時期としては，単元（題材）末，学期末，学年末等の節目が考えられる。

総括を行う際，観点別学習状況の評価に係る記録が，観点ごとに複数ある場合は，例えば，次のような総括の方法が考えられる。

・ **評価結果のＡ，Ｂ，Ｃの数を基に総括する場合**

何回か行った評価結果のＡ，Ｂ，Ｃの数が多いものが，その観点の学習の実施状況を最もよく表現しているとする考え方に立つ総括の方法である。例えば，3回評価を行った結果が「ＡＢＢ」ならばＢと総括することが考えられる。なお，「ＡＡＢＢ」の総括結果をＡとするかＢとするかなど，同数の場合や三つの記号が混在する場合の総括の仕方をあらかじめ各学校において決めておく必要がある。

---

[14] 芸術科においては，「第2款　各科目」における音楽Ⅰ〜Ⅲ，美術Ⅰ〜Ⅲ，工芸Ⅰ〜Ⅲ，書道Ⅰ〜Ⅲについて，必要に応じてそれぞれ「内容のまとまりごとの評価規準」を作成する。

・ 評価結果のＡ，Ｂ，Ｃを数値に置き換えて総括する場合

　何回か行った評価結果Ａ，Ｂ，Ｃを，例えばＡ＝３，Ｂ＝２，Ｃ＝１のように数値によって表し，合計したり平均したりする総括の方法である。例えば，総括の結果をＢとする範囲を［1.5≦平均値≦2.5］とすると，「ＡＢＢ」の平均値は，約2.3［（３＋２＋２）÷３］で総括の結果はＢとなる。

　なお，評価の各節目のうち特定の時点に重きを置いて評価を行うこともできるが，その際平均値による方法等以外についても様々な総括の方法が考えられる。

（6）観点別学習状況の評価の評定への総括

　評定は，各教科の観点別学習状況の評価を総括した数値を示すものである。評定は，生徒がどの教科の学習に望ましい学習状況が認められ，どの教科の学習に課題が認められるのかを明らかにすることにより，教育課程全体を見渡した学習状況の把握と指導や学習の改善に生かすことを可能とするものである。

　評定への総括は，学期末や学年末などに行われることが多い。学年末に評定へ総括する場合には，学期末に総括した評定の結果を基にする場合と，学年末に観点ごとに総括した結果を基にする場合が考えられる。

　観点別学習状況の評価の評定への総括は，各観点の評価結果をＡ，Ｂ，Ｃの組合せ，又は，Ａ，Ｂ，Ｃを数値で表したものに基づいて総括し，その結果を５段階で表す。

　Ａ，Ｂ，Ｃの組合せから評定に総括する場合，「ＢＢＢ」であれば３を基本としつつ，「ＡＡＡ」であれば５又は４，「ＣＣＣ」であれば２又は１とするのが適当であると考えられる。それ以外の場合は，各観点のＡ，Ｂ，Ｃの数の組合せから適切に評定することができるようあらかじめ各学校において決めておく必要がある。

　なお，観点別学習状況の評価結果は，「十分満足できる」状況と判断されるものをＡ，「おおむね満足できる」状況と判断されるものをＢ，「努力を要する」状況と判断されるものをＣのように表されるが，そこで表された学習の実現状況には幅があるため，機械的に評定を算出することは適当ではない場合も予想される。

　また，評定は，高等学校学習指導要領等に示す各教科・科目の目標に照らして，その実現状況を「十分満足できるもののうち，特に程度が高い」状況と判断されるものを５，「十分満足できる」状況と判断されるものを４，「おおむね満足できる」状況と判断されるものを３，「努力を要する」状況と判断されるものを２，「努力を要すると判断されるもののうち，特に程度が低い」状況と判断されるものを１（単位不認定）という数値で表される。しかし，この数値を生徒の学習状況について五つに分類したものとして捉えるのではなく，常にこの結果の背後にある生徒の具体的な学習の実現状況を思い描き，適切に捉えることが大切である。評定への総括に当たっては，このようなことも十分に検討する必要がある[15]。また，各学校では観点別学習状況の評価の観点ごとの総括

---

[15] 改善等通知では，「評定は各教科の学習の状況を総括的に評価するものであり，『観点別

及び評定への総括の考え方や方法について，教師間で共通理解を図り，生徒及び保護者に十分説明し理解を得ることが大切である。

2　主として専門学科（職業教育を主とする専門学科）において開設される各教科における評価規準の作成及び評価の実施等について

（1）目標と「評価の観点及びその趣旨」との対応関係について

　　評価規準の作成に当たっては，各学校の実態に応じて目標に準拠した評価を行うために，「評価の観点及びその趣旨」が各教科の目標を踏まえて作成されていることを確認することが必要である。また，教科の目標と「評価の観点及びその趣旨」との関係性を踏まえ，科目の目標に対する「評価の観点の趣旨」を作成することが必要である。

　　なお，「主体的に学習に取り組む態度」の観点は，教科・科目の目標の（3）に対応するものであるが，観点別学習状況の評価を通じて見取ることができる部分をその内容として整理し，示していることを確認することが必要である（図7，8参照）。

図7

【学習指導要領「教科の目標」】

学習指導要領　各教科の「第1款　目標」

(1)	(2)	(3)
（知識及び技術に関する目標）	（思考力，判断力，表現力等に関する目標）	（学びに向かう力，人間性等に関する目標）[16]

【改善等通知　別紙5「評価の観点及びその趣旨」】

観点	知識・技術	思考・判断・表現	主体的に学習に取り組む態度
趣旨	（知識・技術の観点の趣旨）	（思考・判断・表現の観点の趣旨）	（主体的に学習に取り組む態度の観点の趣旨）

学習状況』において掲げられた観点は，分析的な評価を行うものとして，各教科の評定を行う場合において基本的な要素となるものであることに十分留意する。その際，評定の適切な決定方法等については，各学校において定める。」と示されている（P.8参照）。

[16] 脚注6を参照

図8

【学習指導要領「科目の目標」】

学習指導要領　各教科の「第2款　各科目」における科目の目標

(1)	(2)	(3)
（知識及び技術に関する目標）	（思考力，判断力，表現力等に関する目標）	（学びに向かう力，人間性等に関する目標）[17]

観点	知識・技術	思考・判断・表現	主体的に学習に取り組む態度
趣旨	（知識・技術の観点の趣旨）	（思考・判断・表現の観点の趣旨）	（主体的に学習に取り組む態度の観点の趣旨）
	科目の目標に対する「評価の観点の趣旨」は各学校等において作成する		

（2）職業教育を主とする専門学科において開設される「〔指導項目〕ごとの評価規準」について

　職業教育を主とする専門学科においては，学習指導要領の規定から「〔指導項目〕ごとの評価規準」を作成する際の手順を示している。

　平成30年に改訂された高等学校学習指導要領においては資質・能力の三つの柱に基づく構造化が行われたところであり，職業教育を主とする専門学科においては，学習指導要領解説に示す各科目の「第2　内容とその取扱い」の「2　内容」の各〔指導項目〕において，育成を目指す資質・能力が示されている。このため，「2　内容〔指導項目〕」の記載はそのまま学習指導の目標となりうるものである。学習指導要領及び学習指導要領解説の目標に照らして観点別学習状況の評価を行うに当たり，生徒が資質・能力を身に付けた状況を表すために，「2　内容　〔指導項目〕」の記載事項の文末を「～すること」から「～している」と変換したもの等を，本参考資料において「〔指導項目〕ごとの評価規準」と呼ぶこととする。

　なお，職業教育を主とする専門学科については，「2　内容　〔指導項目〕」に「学びに向かう力・人間性」に係る項目が存在する。この「学びに向かう力・人間性」に係る項目から，観点別学習状況の評価になじまない部分等を除くことで「主体的に学習に取り組む態度」の「〔指導項目〕ごとの評価規準」を作成することができる。

　これらを踏まえ，職業教育を主とする専門学科においては，各科目における「内容のまとまり」を〔指導項目〕に置き換えて記載することとする。

---

[17] 脚注6を参照

　各学校においては，「〔指導項目〕ごとの評価規準」の考え方を踏まえて，各学校の実態を考慮し，単元の評価規準等，学習評価を行う際の評価規準を作成する。

（3）「〔指導項目〕ごとの評価規準」を作成する際の基本的な手順

　職業教育を主とする専門学科における，「〔指導項目〕ごとの評価規準」を作成する際の基本的な手順は以下のとおりである。

> 　学習指導要領に示された教科及び科目の目標を踏まえて，「評価の観点及びその趣旨」が作成されていることを理解した上で，
>
> ①　各科目における〔指導項目〕と「評価の観点」との関係を確認する。
>
> ②　【観点ごとのポイント】を踏まえ，「〔指導項目〕ごとの評価規準」を作成する。

3　総合的な探究の時間における評価規準の作成及び評価の実施等について
（1）総合的な探究の時間の「評価の観点」について

　平成30年に改訂された高等学校学習指導要領では，各教科等の目標や内容を「知識及び技能」，「思考力，判断力，表現力等」，「学びに向かう力，人間性等」の資質・能力の三つの柱で再整理しているが，このことは総合的な探究の時間においても同様である。

　総合的な探究の時間においては，学習指導要領が定める目標を踏まえて各学校が目標や内容を設定するという総合的な探究の時間の特質から，各学校が観点を設定するという枠組みが維持されている。一方で，各学校が目標や内容を定める際には，学習指導要領において示された以下について考慮する必要がある。

> 【各学校において定める目標】
> ・　各学校において定める目標については，各学校における教育目標を踏まえ，総合的な探究の時間を通して育成を目指す資質・能力を示すこと。　　　　（第2の3(1)）

　総合的な探究の時間を通して育成を目指す資質・能力を示すとは，各学校における教育目標を踏まえて，各学校において定める目標の中に，この時間を通して育成を目指す資質・能力を，三つの柱に即して具体的に示すということである。

> 【各学校において定める内容】
> ・　探究課題の解決を通して育成を目指す具体的な資質・能力については，次の事項に配慮すること。
> 　ア　知識及び技能については，他教科等及び総合的な探究の時間で習得する知識及び技能が相互に関連付けられ，社会の中で生きて働くものとして形成されるようにすること。
> 　イ　思考力，判断力，表現力等については，課題の設定，情報の収集，整理・分析，

> まとめ・表現などの探究的な学習の過程において発揮され，未知の状況において活用できるものとして身に付けられるようにすること。
>
> ウ　学びに向かう力，人間性等については，自分自身に関すること及び他者や社会との関わりに関することの両方の視点を踏まえること。　　　　　（第2の3(6)）

　各学校において定める内容について，今回の改訂では新たに，「目標を実現するにふさわしい探究課題」，「探究課題の解決を通して育成を目指す具体的な資質・能力」の二つを定めることが示された。「探究課題の解決を通して育成を目指す具体的な資質・能力」とは，各学校において定める目標に記された資質・能力を，各探究課題に即して具体的に示したものであり，教師の適切な指導の下，生徒が各探究課題の解決に取り組む中で，育成することを目指す資質・能力のことである。この具体的な資質・能力も，「知識及び技能」，「思考力，判断力，表現力等」，「学びに向かう力，人間性等」という資質・能力の三つの柱に即して設定していくことになる。

　このように，各学校において定める目標と内容には，三つの柱に沿った資質・能力が明示されることになる。

　したがって，資質・能力の三つの柱で再整理した学習指導要領の下での指導と評価の一体化を推進するためにも，評価の観点についてこれらの資質・能力に関わる「知識・技能」，「思考・判断・表現」，「主体的に学習に取り組む態度」の3観点に整理し示したところである。

（2）総合的な探究の時間の「内容のまとまり」の考え方

　学習指導要領の第2の2では，「各学校においては，第1の目標を踏まえ，各学校の総合的な探究の時間の内容を定める。」とされている。これは，各学校が，学習指導要領が定める目標の趣旨を踏まえて，地域や学校，生徒の実態に応じて，創意工夫を生かした内容を定めることが期待されているからである。

　この内容の設定に際しては，前述したように「目標を実現するにふさわしい探究課題」，「探究課題の解決を通して育成を目指す具体的な資質・能力」の二つを定めることが示され，探究課題としてどのような対象と関わり，その探究課題の解決を通して，どのような資質・能力を育成するのかが内容として記述されることになる（図9参照）。

　本参考資料第1編第2章の1（2）では，「内容のまとまり」について，「学習指導要領に示す各教科等の『第2款　各科目』における各科目の『1　目標』及び『2　内容』の項目等をそのまとまりごとに細分化したり整理したりしたもので，『内容のまとまり』ごとに育成を目指す資質・能力が示されている」と説明されている。

　したがって，総合的な探究の時間における「内容のまとまり」とは，全体計画に示した「目標を実現するにふさわしい探究課題」のうち，一つ一つの探究課題とその探究課題に応じて定めた具体的な資質・能力と考えることができる。

図9

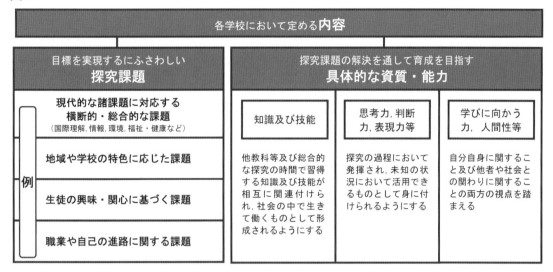

（3）「内容のまとまりごとの評価規準」を作成する際の基本的な手順

　総合的な探究の時間における，「内容のまとまりごとの評価規準」を作成する際の基本的な手順は以下のとおりである。

> ①　各学校において定めた目標（第2の1）と「評価の観点及びその趣旨」を確認する。
>
> ②　各学校において定めた内容の記述（「内容のまとまり」として探究課題ごとに作成した「探究課題の解決を通して育成を目指す具体的な資質・能力」）が，観点ごとにどのように整理されているかを確認する。
>
> ③【観点ごとのポイント】を踏まえ，「内容のまとまりごとの評価規準」を作成する。

4　特別活動の「評価の観点」とその趣旨，並びに評価規準の作成及び評価の実施等について
（1）特別活動の「評価の観点」とその趣旨について

　特別活動においては，改善等通知において示されたように，特別活動の特質と学校の創意工夫を生かすということから，設置者ではなく，「各学校で評価の観点を定める」ものとしている。本参考資料では「評価の観点」とその趣旨の設定について示している。

（2）特別活動の「内容のまとまり」

　学習指導要領「第2　各活動・学校行事の目標及び内容」〔ホームルーム活動〕「2　内容」の「(1)ホームルームや学校における生活づくりへの参画」，「(2)日常の生活や学習への適応と自己の成長及び健康安全」，「(3)一人一人のキャリア形成と自己実現」，〔生徒会活動〕，〔学校行事〕「2　内容」の(1)儀式的行事，(2)文化的行事，(3)健康安全・体育的行事，(4)旅行・集団宿泊的行事，(5)勤労生産・奉仕的行事をそれぞれ「内容のまとまり」とした。

（3）特別活動の「評価の観点」とその趣旨，並びに「内容のまとまりごとの評価規準」を作成する際の基本的な手順

　　各学校においては，学習指導要領に示された特別活動の目標及び内容を踏まえ，自校の実態に即し，改善等通知の例示を参考に観点を作成する。その際，例えば，特別活動の特質や学校として重点化した内容を踏まえて，具体的な観点を設定することが考えられる。

　　また，学習指導要領解説では，各活動・学校行事の内容ごとに育成を目指す資質・能力が例示されている。そこで，学習指導要領で示された「各活動・学校行事の目標」及び学習指導要領解説で例示された「資質・能力」を確認し，各学校の実態に合わせて育成を目指す資質・能力を重点化して設定する。

　　次に，各学校で設定した，各活動・学校行事で育成を目指す資質・能力を踏まえて，「内容のまとまりごとの評価規準」を作成する。基本的な手順は以下のとおりである。

---

① 　学習指導要領の「特別活動の目標」と改善等通知を確認する。

② 　学習指導要領の「特別活動の目標」と自校の実態を踏まえ，改善等通知の例示を参考に，特別活動の「評価の観点」とその趣旨を設定する。

③ 　学習指導要領の「各活動・学校行事の目標」及び学習指導要領解説特別活動編（平成 30 年 7 月）で例示した「各活動・学校行事における育成を目指す資質・能力」を参考に，各学校において育成を目指す資質・能力を重点化して設定する。

④ 　【観点ごとのポイント】を踏まえ，「内容のまとまりごとの評価規準」を作成する。

（参考）平成24年「評価規準の作成，評価方法等の工夫改善のための参考資料」からの
　　　　変更点について

　今回作成した本参考資料は，平成24年の「評価規準の作成，評価方法等の工夫改善の
ための参考資料」を踏襲するものであるが，以下のような変更点があることに留意が必要
である[18]。

　まず，平成24年の参考資料において使用していた「評価規準に盛り込むべき事項」や
「評価規準の設定例」については，報告において「現行の参考資料のように評価規準を詳
細に示すのではなく，各教科等の特質に応じて，学習指導要領の規定から評価規準を作成
する際の手順を示すことを基本とする」との指摘を受け，第2編において示すことを改
め，本参考資料の第3編における事例の中で，各教科等の事例に沿った評価規準を例示し
たり，その作成手順等を紹介したりする形に改めている。

　次に，本参考資料の第2編に示す「内容のまとまりごとの評価規準」は，平成24年の
「評価規準の作成，評価方法等の工夫改善のための参考資料」において示した「評価規準
に盛り込むべき事項」と作成の手順を異にする。具体的には，「評価規準に盛り込むべき
事項」は，平成21年改訂学習指導要領における各教科等の目標及び内容の記述を基に，
学習評価及び指導要録の改善通知で示している各教科等の評価の観点及びその趣旨を踏
まえて作成したものである。

　また，平成24年の参考資料では「評価規準に盛り込むべき事項」をより具体化したも
のを「評価規準の設定例」として示している。「評価規準の設定例」は，原則として，学
習指導要領の各教科等の目標及び内容のほかに，当該部分の学習指導要領解説（文部科学
省刊行）の記述を基に作成していた。他方，本参考資料における「内容のまとまりごとの
評価規準」については，平成30年改訂の学習指導要領の目標及び内容が育成を目指す資
質・能力に関わる記述で整理されたことから，既に確認のとおり，そこでの「内容のまと
まり」ごとの記述を，文末を変換するなどにより評価規準とすることを可能としており，
学習指導要領の記載と表裏一体をなす関係にあると言える。

　さらに，「主体的に学習に取り組む態度」の「各教科等の評価の観点の趣旨」について
である。前述のとおり，従前の「関心・意欲・態度」の観点から「主体的に学習に取り組
む態度」の観点に改められており，「主体的に学習に取り組む態度」の観点に関しては各
科目の「1　目標」を参考にしつつ，必要に応じて，改善等通知別紙5に示された評価の
観点の趣旨のうち「主体的に学習に取り組む態度」に関わる部分を用いて「内容のまとま
りごとの評価規準」を作成する必要がある。報告にあるとおり，「主体的に学習に取り組
む態度」は，現行の「関心・意欲・態度」の観点の本来の趣旨であった，各教科等の学習
内容に関心をもつことのみならず，よりよく学ぼうとする意欲をもって学習に取り組む

---

[18] 特別活動については，平成30年改訂学習指導要領を受け，初めて作成するものである。

態度を評価することを改めて強調するものである。また，本観点に基づく評価としては，「主体的に学習に取り組む態度」に係る各教科等の評価の観点の趣旨に照らし，

　　① 知識及び技能を獲得したり，思考力，判断力，表現力等を身に付けたりすることに向けた粘り強い取組を行おうとする側面と，

　　② ①の粘り強い取組を行う中で，自らの学習を調整しようとする側面，

という二つの側面を評価することが求められるとされた[19]。

　以上の点から，今回の改善等通知で示した「主体的に学習に取り組む態度」の「各教科等の評価の観点の趣旨」は，平成22年通知で示した「関心・意欲・態度」の「各教科等の評価の観点の趣旨」から改められている。

---

[19] 脚注11を参照

第２編

「内容のまとまりごとの評価規準」
を作成する際の手順

　高等学校外国語科においては，教科「外国語」としての目標を資質・能力の三つの柱で示しているが，各科目の目標は，英語教育の特質を踏まえ，後述のように「聞くこと」「読むこと」「話すこと［やり取り］」「話すこと［発表］」「書くこと」の五つの領域別で示している。その領域別の目標の実現に向けて，外国語科における評価規準を作成する際の手順及び留意事項等を示す。

1　高等学校外国語科の内容のまとまり

　高等学校外国語科における「内容のまとまり」は，高等学校学習指導要領　第2章　第8節　外国語科の各科目の目標に示されている「五つ（三つ）[19]の領域」のことである。「英語コミュニケーションⅠ」を例にあげると以下のようになっている。

○　聞くこと

　ア　日常的な話題について，話される速さや，使用される語句や文，情報量などにおいて，多くの支援を活用すれば，必要な情報を聞き取り，話し手の意図を把握することができるようにする。

　イ　社会的な話題について，話される速さや，使用される語句や文，情報量などにおいて，多くの支援を活用すれば，必要な情報を聞き取り，概要や要点を目的に応じて捉えることができるようにする。

○　読むこと

　ア　日常的な話題について，使用される語句や文，情報量などにおいて，多くの支援を活用すれば，必要な情報を読み取り，書き手の意図を把握することができるようにする。

　イ　社会的な話題について，使用される語句や文，情報量などにおいて，多くの支援を活用すれば，必要な情報を読み取り，概要や要点を目的に応じて捉えることができるようにする。

○　話すこと［やり取り］

　ア　日常的な話題について，使用する語句や文，対話の展開などにおいて，多くの支援を活用すれば，基本的な語句や文を用いて，情報や考え，気持ちなどを話して伝え合うやり取りを続けることができるようにする。

　イ　社会的な話題について，使用する語句や文，対話の展開などにおいて，多くの支援を活用すれば，聞いたり読んだりしたことを基に，基本的な語句や文を用いて，情報や考え，気持ちなどを論理性に注意して話して伝え合うことができるようにする。

○　話すこと［発表］

　ア　日常的な話題について，使用する語句や文，事前の準備などにおいて，多くの支援を活用すれば，基本的な語句や文を用いて，情報や考え，気持ちなどを論理性に注意して話して伝えることができるようにする。

---

[19]　「第1　英語コミュニケーションⅠ」，「第2　英語コミュニケーションⅡ」，「第3　英語コミュニケーションⅢ」における「内容のまとまり」は，本文に示した五つの領域のことである。また，「第4　論理・表現Ⅰ」，「第5　論理・表現Ⅱ」，「第6　論理・表現Ⅲ」における「内容のまとまり」は，「話すこと［やりとり］」「話すこと［発表］」「書くこと」の三つの領域のことである。

イ　社会的な話題について，使用する語句や文，事前の準備などにおいて，多くの支援を活用すれば，聞いたり読んだりしたことを基に，基本的な語句や文を用いて，情報や考え，気持ちなどを論理性に注意して話して伝えることができるようにする。

○　書くこと

ア　日常的な話題について，使用する語句や文，事前の準備などにおいて，多くの支援を活用すれば，基本的な語句や文を用いて，情報や考え，気持ちなどを論理性に注意して文章を書いて伝えることができるようにする。

イ　社会的な話題について，使用する語句や文，事前の準備などにおいて，多くの支援を活用すれば，聞いたり読んだりしたことを基に，基本的な語句や文を用いて，情報や考え，気持ちなどを論理性に注意して文章を書いて伝えることができるようにする。

2　高等学校外国語科における「内容のまとまりごとの評価規準」作成の手順

　「内容のまとまりごとの評価規準」は，第1編に示した基本的な手順を踏まえ，各教科等の特質に応じた形で作成する。外国語科の特質に応じた「内容のまとまりごとの評価規準」作成の具体的な手順については，以下のとおりである。

　学習指導要領に示された教科及び科目の目標を踏まえて，「評価の観点及びその趣旨」が作成されていることを理解した上で，

① 外国語科における「内容のまとまり」の記述が，観点ごとにどのように整理されているかを確認する。

② 「内容のまとまり（五つ[20]の領域）ごとの評価規準」を作成する。

＜例　英語コミュニケーションⅠ＞
　ここでは，科目「英語コミュニケーションⅠ」を取り上げて，「内容のまとまりごとの評価規準」作成の手順を説明する。

【学習指導要領　第2章　第8節　外国語　「第1款 目標」】
　外国語によるコミュニケーションにおける見方・考え方を働かせ，外国語による聞くこと，読むこと，話すこと，書くことの言語活動及びこれらを結び付けた統合的な言語活動を通して，情報や考えなどを的確に理解したり適切に表現したり伝え合ったりするコミュニケーションを図る資質・能力を次のとおり育成することを目指す。

(1)	(2)	(3)
外国語の音声や語彙，表現，文法，言語の働きなどの理解を深めるとともに，これらの知識を，聞くこと，読むこと，話すこと，書くことによる実際のコミュニケーションにおいて，目的や場面，状況などに応じて適切に活用できる技能を身に付けるようにする。	コミュニケーションを行う目的や場面，状況などに応じて，日常的な話題や社会的な話題について，外国語で情報や考えなどの概要や要点，詳細，話し手や書き手の意図などを的確に理解したり，これらを活用して適切に表現したり伝え合ったりすることができる力を養う。	外国語の背景にある文化に対する理解を深め，聞き手，読み手，話し手，書き手に配慮しながら，主体的，自律的に外国語を用いてコミュニケーションを図ろうとする態度を養う。

(高等学校学習指導要領 P. 163)

---

[20] 脚注 19 を参照

【改善等通知 別紙5　各教科等の評価の観点及びその趣旨　＜外国語＞】

知識・技能	思考・判断・表現	主体的に学習に取り組む態度
・外国語の音声や語彙，表現，文法，言語の働きなどについて理解を深めている。 ・外国語の※音声や語彙，表現，文法，言語の働きなどの知識を，聞くこと，読むこと，話すこと，書くことによる実際のコミュニケーションにおいて，目的や場面，状況などに応じて適切に活用できる技能を身に付けている。	コミュニケーションを行う目的や場面，状況などに応じて，日常的な話題や社会的な話題について，外国語で情報や考えなどの概要や要点，詳細，話し手や書き手の意図などを的確に理解したり，これらを活用して適切に表現したり伝え合ったりしている。	外国語の背景にある文化に対する理解を深め，聞き手，読み手，話し手，書き手に配慮しながら，主体的，自律的に外国語を用いてコミュニケーションを図ろうとしている。

（改善等通知　別紙5　P. 4　※「外国語についての」から「外国語の」に修正）

【学習指導要領　第2章　第8節　外国語「第2款　第1　英語コミュニケーションⅠ　1　目標」】

英語学習の特質を踏まえ，以下に示す，聞くこと，読むこと，話すこと［やり取り］，話すこと［発表］，書くことの五つの領域（以下この節において「五つの領域」という。）別に設定する目標の実現を目指した指導を通して，第1款の（1）及び（2）に示す資質・能力を一体的に育成するとともに，その過程を通して，第1款の（3）に示す資質・能力を育成する。

（高等学校学習指導要領 P. 163）

　以下は，教科の目標と「評価の観点及びその趣旨」の関係性を踏まえた，科目の目標を資質・能力の三つの柱に沿って表した例と，科目の目標に対する「評価の観点の趣旨」の例である。

　各科目の目標を資質・能力の三つの柱に沿って表し，評価の観点及びその趣旨を示す場合，以下に「英語コミュニケーションⅠ」の例を示すように，外国語科の目標の三つの柱並びに評価の観点及び趣旨と同じ形となる。なお，「論理・表現Ⅰ，Ⅱ，Ⅲ」の場合には，「話すこと［やり取り］」「話すこと［発表］」「書くこと」の三つの領域となる。

【「第2款　第1　英語コミュニケーションＩ」の目標を資質・能力の三つの柱に沿って表した例】

(1)	(2)	(3)
外国語の音声や語彙，表現，文法，言語の働きなどの理解を深めるとともに，これらの知識を，聞くこと，読むこと，話すこと，書くことによる実際のコミュニケーションにおいて，目的や場面，状況などに応じて適切に活用できる技能を身に付けるようにする。	コミュニケーションを行う目的や場面，状況などに応じて，日常的な話題や社会的な話題について，外国語で情報や考えなどの概要や要点，詳細，話し手や書き手の意図などを的確に理解したり，これらを活用して適切に表現したり伝え合ったりすることができる力を養う。	外国語の背景にある文化に対する理解を深め，聞き手，読み手，話し手，書き手に配慮しながら，主体的，自律的に外国語を用いてコミュニケーションを図ろうとする態度を養う。

（高等学校学習指導要領 P. 163）

【「第2款　第1　英語コミュニケーションＩ」の評価の観点及びその趣旨（例）】

知識・技能	思考・判断・表現	主体的に学習に取り組む態度
・外国語の音声や語彙，表現，文法，言語の働きなどについて理解を深めている。 ・外国語の音声や語彙，表現，文法，言語の働きなどの知識を，聞くこと，読むこと，話すこと，書くことによる実際のコミュニケーションにおいて，目的や場面，状況などに応じて適切に活用できる技能を身に付けている。	コミュニケーションを行う目的や場面，状況などに応じて，日常的な話題や社会的な話題について，外国語で情報や考えなどの概要や要点，詳細，話し手や書き手の意図などを的確に理解したり，これらを活用して適切に表現したり伝え合ったりしている。	外国語の背景にある文化に対する理解を深め，聞き手，読み手，話し手，書き手に配慮しながら，主体的，自律的に外国語を用いてコミュニケーションを図ろうとしている。

> **①　外国語科における「内容のまとまり」の記述が，観点ごとにどのように整理されているかを確認する。**

　「英語コミュニケーションⅠ」における「内容のまとまり」は，五つの領域（「聞くこと」「読むこと」「話すこと［やり取り］」「話すこと［発表］」「書くこと」）である。

　五つの領域別の目標の記述は，資質・能力の三つの柱を総合的に育成する観点から，各々を三つの柱に分けずに一文ずつの能力記述文で示している。

○　**聞くこと**

　　ア　日常的な話題について，話される速さや，使用される語句や文，情報量などにおいて，多くの支援を活用すれば，必要な情報を聞き取り，話し手の意図を把握することができるようにする。

　　イ　社会的な話題について，話される速さや，使用される語句や文，情報量などにおいて，多くの支援を活用すれば，必要な情報を聞き取り，概要や要点を目的に応じて捉えることができるようにする。

○　**読むこと**

　　ア　日常的な話題について，使用される語句や文，情報量などにおいて，多くの支援を活用すれば，必要な情報を読み取り，書き手の意図を把握することができるようにする。

　　イ　社会的な話題について，使用される語句や文，情報量などにおいて，多くの支援を活用すれば，必要な情報を読み取り，概要や要点を目的に応じて捉えることができるようにする。

○　**話すこと［やり取り］**

　　ア　日常的な話題について，使用する語句や文，対話の展開などにおいて，多くの支援を活用すれば，基本的な語句や文を用いて，情報や考え，気持ちなどを話して伝え合うやり取りを続けることができるようにする。

　　イ　社会的な話題について，使用する語句や文，対話の展開などにおいて，多くの支援を活用すれば，聞いたり読んだりしたことを基に，基本的な語句や文を用いて，情報や考え，気持ちなどを論理性に注意して話して伝え合うことができるようにする。

○　**話すこと［発表］**

　　ア　日常的な話題について，使用する語句や文，事前の準備などにおいて，多くの支援を活用すれば，基本的な語句や文を用いて，情報や考え，気持ちなどを論理性に注意して話して伝えることができるようにする。

　　イ　社会的な話題について，使用する語句や文，事前の準備などにおいて，多くの支援を活用すれば，聞いたり読んだりしたことを基に，基本的な語句や文を用いて，情報や考え，気持ちなどを論理性に注意して話して伝えることができるようにする。

○　**書くこと**

　　ア　日常的な話題について，使用する語句や文，事前の準備などにおいて，多くの支援を活用すれば，基本的な語句や文を用いて，情報や考え，気持ちなどを論理性に注意して文章を書いて伝えることができるようにする。

　　イ　社会的な話題について，使用する語句や文，事前の準備などにおいて，多くの支援を活用すれば，聞いたり読んだりしたことを基に，基本的な語句や文を用いて，情報や考え，気持ちなどを論理性に注意して文章を書いて伝えることができるようにする。

② 「内容のまとまり（五つ[21]の領域）ごとの評価規準」を作成する。

（1）「内容のまとまり（五つの領域）ごとの評価規準」を作成する際の【観点ごとのポイント】

○ 「知識・技能」のポイント

・「知識」と「技能」の二つに分けて記されている。

・「知識」については，高等学校学習指導要領　第8節「外国語」第2款　各科目　第1　英語コミュニケーションⅠの「2　内容」の〔知識及び技能〕における「(1) 英語の特徴やきまりに関する事項」に記されていることを指しており，それらの事項を理解している状況を評価する。

・「技能」について，

－ 「聞くこと」，「読むこと」は，実際のコミュニケーションにおいて，目的や場面，状況などに応じて，日常的な話題や社会的な話題について話されたり書かれたりする文章等を聞いたり読んだりして，その内容を捉える技能を身に付けている状況を評価する。

－ 「話すこと［やり取り］」，「話すこと［発表］」，「書くこと」は，実際のコミュニケーションにおいて，目的や場面，状況などに応じて，日常的な話題や社会的な話題について，基本的な語句や文を用いて，情報や考え，気持ちなどを，話したり書いたりして表現したり伝え合ったりするために必要な技能を身に付けている状況を評価する。

－ なお，指導する単元で扱う言語材料が提示された状況で，それを使って情報や考え，気持ちなどを話したり書いたりすることができるか否かを評価するのではなく，使用する言語材料の提示がない状況においても，それらを用いて情報や考え，気持ちなどを話したり書いたりすることができる技能を身に付けているか否かについてを評価する。

－ 「話すこと」について，音声の特徴を捉えて話していることについては，特定の単元等で扱うのではなく，「話すこと」の指導全体を通して適宜評価する。

○ 「思考・判断・表現」のポイント

・「聞くこと」，「読むこと」は，日常的な話題や社会的な話題について話されたり書かれたりする文章等を聞き取ったり読み取ったりして，コミュニケーションを行う目的や場面，状況などに応じて，必要な情報を聞き取ったり読み取ったり，話し手や書き手の意図を把握したり，概要や要点などを捉えたりしている状況を評価する。

・「話すこと［やり取り］」，「話すこと［発表］」，「書くこと」は，コミュニケーションを行う目的や場面，状況などに応じて，日常的な話題や社会的な話題について，基本的な語句や文を用いて，情報や考え，気持ちなどを，論理性に注意して話したり書いたりして表現したり伝え合ったりしている状況を評価する。

---

[21] 脚注 19 を参照

○「主体的に学習に取り組む態度」のポイント

・「主体的に学習に取り組む態度」は，外国語の背景にある文化に対する理解を深め，聞き手，読み手，話し手，書き手に配慮しながら，主体的，自律的に外国語を用いてコミュニケーションを図ろうとしている状況を評価する。

・具体的には，「聞くこと」，「読むこと」は，コミュニケーションを行う目的や場面，状況などに応じて，日常的な話題や社会的な話題について話されたり書かれたりする文章等を聞いたり読んだりして，必要な情報を聞き取ったり読み取ったり，話し手や書き手の意図を把握したり，概要や要点などを捉えようとしたりしている状況を評価する。

・「話すこと［やり取り］」，「話すこと［発表］」，「書くこと」は，日常的な話題や社会的な話題について，コミュニケーションを行う目的や場面，状況などに応じて，基本的な語句や文を用いて，情報や考え，気持ちなどを，論理性に注意して話したり書いたりして表現したり伝え合ったりしようとしている状況を評価する。

・上記の側面と併せて，言語活動への取組に関して見通しを立てたり振り返ったりして自らの学習を自覚的に捉えている状況についても，特定の領域・単元だけではなく，年間を通じて評価する。

（2）学習指導要領の「2　内容」 及び 「内容のまとまり（五つの領域）ごとの評価規準（例）」

		知識及び技能	思考力，判断力，表現力等	学びに向かう力，人間性等
聞くこと	ア	日常的な話題について，話される速さや，使用される語句や文，情報量などにおいて，多くの支援を活用すれば，必要な情報を聞き取り，話し手の意図を把握することができるようにする。		
	イ	社会的な話題について，話される速さや，使用される語句や文，情報量などにおいて，多くの支援を活用すれば，必要な情報を聞き取り，概要や要点を目的に応じて捉えることができるようにする。		
読むこと	ア	日常的な話題について，使用される語句や文，情報量などにおいて，多くの支援を活用すれば，必要な情報を読み取り，書き手の意図を把握することができるようにする。		
	イ	社会的な話題について，使用される語句や文，情報量などにおいて，多くの支援を活用すれば，必要な情報を読み取り，概要や要点を目的に応じて捉えることができるようにする。		
話すこと［やり取り］	ア	日常的な話題について，使用する語句や文，対話の展開などにおいて，多くの支援を活用すれば，基本的な語句や文を用いて，情報や考え，気持ちなどを話して伝え合うやり取りを続けることができるようにする。		
	イ	社会的な話題について，使用する語句や文，対話の展開などにおいて，多くの支援を活用すれば，聞いたり読んだりしたことを基に，基本的な語句や文を用いて，情報や考え，気持ちなどを論理性に注意して話して伝え合うことができるようにする。		
話すこと［発表］	ア	日常的な話題について，使用する語句や文，事前の準備などにおいて，多くの支援を活用すれば，基本的な語句や文を用いて，情報や考え，気持ちなどを論理性に注意して話して伝えることができるようにする。		
	イ	社会的な話題について，使用する語句や文，事前の準備などにおいて，多くの支援を活用すれば，聞いたり読んだりしたことを基に，基本的な語句や文を用いて，情報や考え，気持ちなどを論理性に注意して話して伝えることができるようにする。		
書くこと	ア	日常的な話題について，使用する語句や文，事前の準備などにおいて，多くの支援を活用すれば，基本的な語句や文を用いて，情報や考え，気持ちなどを論理性に注意して文章を書いて伝えることができるようにする。		
	イ	社会的な話題について，使用する語句や文，事前の準備などにおいて，多くの支援を活用すれば，聞いたり読んだりしたことを基に，基本的な語句や文を用いて，情報や考え，気持ちなどを論理性に注意して文章を書いて伝えることができるようにする。		

	知識・技能	思考・判断・表現	主体的に学習に取り組む態度
聞くこと	[知識] 英語の特徴やきまりに関する事項を理解している。 [技能] コミュニケーションを行う目的や場面，状況などに応じて，日常的な話題や社会的な話題について話された文等を聞いて，その内容を捉える技能を身に付けている。	コミュニケーションを行う目的や場面，状況などに応じて，日常的な話題や社会的な話題について，必要な情報を聞き取り，話し手の意図や概要，要点を捉えている。	外国語の背景にある文化に対する理解を深め，話し手に配慮しながら，主体的，自律的に英語で話されることを聞こうとしている。
読むこと	[知識] 英語の特徴やきまりに関する事項を理解している。 [技能] コミュニケーションを行う目的や場面，状況などに応じて，日常的な話題や社会的な話題について書かれた文等を読んで，その内容を捉える技能を身に付けている。	コミュニケーションを行う目的や場面，状況などに応じて，日常的な話題や社会的な話題について，必要な情報を読み取り，書き手の意図や概要，要点を捉えている。	外国語の背景にある文化に対する理解を深め，書き手に配慮しながら，主体的，自律的に英語で書かれたことを読もうとしている。
話すこと[やり取り]	[知識] 英語の特徴やきまりに関する事項を理解している。 [技能] コミュニケーションを行う目的や場面，状況などに応じて，日常的な話題や社会的な話題について，情報や考え，気持ちなどを，論理性に注意して伝え合う技能を身に付けている。	コミュニケーションを行う目的や場面，状況などに応じて，日常的な話題や社会的な話題について，情報や考え，気持ちなどを，話して伝え合うやり取りを続けたり，論理性に注意して話して伝え合ったりしている。	外国語の背景にある文化に対する理解を深め，聞き手，話し手に配慮しながら，主体的，自律的に英語を用いて伝え合おうとしている。
話すこと[発表]	[知識] 英語の特徴やきまりに関する事項を理解している。 [技能] コミュニケーションを行う目的や場面，状況などに応じて，日常的な話題や社会的な話題などについて，情報や考え，気持ちなどを，論理性に注意して話して伝える技能を身に付けている。	コミュニケーションを行う目的や場面，状況などに応じて，日常的な話題や社会的な話題について，情報や考え，気持ちなどを，論理性に注意して話して伝えている。	外国語の背景にある文化に対する理解を深め，聞き手に配慮しながら，主体的，自律的に英語を用いて話そうとしている。

	[知識] 英語の特徴やきまりに関する事項を理解している。 [技能] コミュニケーションを行う目的や場面，状況などに応じて，日常的な話題や社会的な話題などについて，情報や考え，気持ちなどを，論理性に注意して書いて伝える技能を身に付けている。	コミュニケーションを行う目的や場面，状況などに応じて，日常的な話題や社会的な話題などについて，情報や考え，気持ちなどを，論理性に注意して書いて伝えている。	外国語の背景にある文化に対する理解を深め，読み手に配慮しながら，主体的，自律的に英語を用いて書こうとしている。
書くこと			

第３編

単元ごとの学習評価について

（事例）

第1章 「内容のまとまり（五つの領域）ごとの評価規準」の考え方を踏まえた評価規準の作成

1 本編事例における学習評価の進め方について

　各教科及び科目の単元における観点別学習状況の評価を実施するに当たり，まずは年間の指導と評価の計画を確認することが重要である。その上で，学習指導要領の目標や内容，「内容のまとまり（五つの領域）ごとの評価規準」の考え方等を踏まえ，以下のように進めることが考えられる。なお，複数の単元にわたって評価を行う場合など，以下の方法によらない事例もあることに留意する必要がある。

評価の進め方	留意点
1 **単元の目標を作成する**	○　学習指導要領の目標や内容，学習指導要領解説等を踏まえて作成する。 ○　生徒の実態，前単元までの学習状況等を踏まえて作成する。
2 **単元の評価規準を作成する**	
3 **「指導と評価の計画」を作成する**	○　1，2を踏まえ，評価場面や評価方法等を計画する。 ○　どのような評価資料（生徒の反応やパフォーマンスなど）を基に，「おおむね満足できる」状況（B）と評価するかを考えたり，「努力を要する」状況（C）への手立て等を考えたりする。
授業を行う	○　3に沿って観点別学習状況の評価を行い，生徒の学習改善や教師の指導改善につなげる。
4 **観点ごとに総括する**	○　集めた評価資料やそれに基づく評価結果などから，観点ごとの総括的評価（A，B，C）を行う。

2　単元の評価規準の作成のポイント

　外国語科では，前述の通り，学習指導要領において各科目の目標を五つの領域別で示しており，資質・能力の三つの柱ごとに分けた形で目標を示していない。

　前述の「教科の目標」「科目の目標」「内容のまとまり（五つの領域）ごとの評価規準」等に基づき，単元ごとの評価規準を作成する場合の基本的な考え方を示す。

学年ごとの目標及び評価規準の設定

・各学校においては，「教科の目標」及び各科目の「領域別の目標」に基づき，各学校における生徒の発達の段階と実情を踏まえ，「学年ごとの目標」及び「科目の目標」を適切に定める。科目を複数の年次にわたって履修する場合には，「科目の年次ごとの目標」についても適切に定める。（なお，当該学年において，一つの科目しか履修しない場合には，「学年ごとの目標」は各科目の「領域別の目標」と一致することになる。）

・五つの領域別の「学年ごとの目標」及び「科目の目標」は，領域別の目標を踏まえると，各々を資質・能力の三つの柱に分けずに一文の能力記述文で示すことが基本的な形となる。なお，五つの領域別の「学年ごとの目標」の設定は，これまでも中学校・高等学校においては「ＣＡＮ－ＤＯリスト形式」による学習到達目標の設定及び活用として，すでに各学校で行われてきたところである。

・一方で，高等学校における観点別の学習評価は科目ごとに行うため，「科目の目標」に対応する「科目の評価規準」は，「内容のまとまり（五つの領域）ごとの評価規準」を踏まえて，三観点で記述する必要がある。「科目の目標」から評価規準を作成する手順は，「内容のまとまり（五つの領域）ごとの評価規準」の場合と基本的に同じである。

単元ごとの目標及び評価規準の設定

・単元ごとの目標は，科目の目標を踏まえて設定する。

・単元ごとの評価規準は，「内容のまとまり（五つの領域）ごとの評価規準」「科目の評価規準」と同様に，単元ごとの目標を踏まえて設定する。

・単元ごとの目標及び評価規準は，各単元で取り扱う題材，言語の特徴や決まりに関する事項（言語材料），当該単元の中心となる言語活動において設定するコミュニケーションを行う目的や場面，状況など，また，取り扱う話題や支援の程度などに即して設定することになる。

・具体的には，「内容のまとまり（五つの領域）ごとの評価規準」を元に，以下のような手順で作成することが可能である。

・これらはあくまで例示であり，より重点化したり，より端的に記載したりすることも考えられる。目標に照らして観点別の評価を行う上で必要な要素が盛り込まれていれば，語順や記載の仕方等は必ずしもこの例示の通りである必要はない。

「英語コミュニケーションⅠ」「読むこと」の場合

○「知識・技能」の評価規準について

　＜知識＞
- 「文章を読み取るために必要となる【言語材料】を理解している。」が基本的な形となる。
- 【言語材料】には，当該単元で扱う言語材料が入る。言語材料の種類やコミュニケーションを行う目的や場面，状況等に応じて，「○○を用いた文の構造を」や「○○の意味や働きを」などに適宜置き換えて当てはめる。

　＜技能＞
- 「【言語材料】などを活用して，【話題】について【書かれた文等】を読み取る技能を身に付けている。」が基本的な形となる。
- 【言語材料】に係る部分には，＜知識＞で示した内容が入る。（省略しても差支えない。）
- 【話題】には，当該単元の中心となる言語活動で扱う話題等が入る。
- 【書かれた文等】には，「（【話題】について）書かれた文章」や，「（【話題】について）の説明文」，「（【話題】について）のパンフレット」，「（【話題】について）の電子メール」などが入る。

○「思考・判断・表現」の評価規準について

　（ア）
- 「【目的等】に応じて，【話題】について【書かれた文等】から，書き手の意図を把握している。」が基本的な形となる。
- 【目的等】には，当該単元の中心となる言語活動において設定するコミュニケーションを行う目的や場面，状況などを，「○○のために」「○○するよう」等の形にして当てはめる。その際，学習指導要領に示されている「言語の使用場面の例」や「言語の働きの例」を踏まえて設定する。
- 【話題】には，当該単元の中心となる言語活動で扱う日常的な話題等が入る。

　（イ）
- 「【目的等】に応じて，【話題】について【書かれた文等】を読んで，概要や要点を捉えている。」が基本的な形となる。
- 【話題】には，当該単元の中心となる言語活動で扱う社会的な話題等が入る。

○「主体的に学習に取り組む態度」の評価規準について

　（ア）
- 「【目的等】に応じて，【話題】について【書かれた文等】から，書き手の意図を把握しようとしている。」が基本的な形となる。

　（イ）
- 「【目的等】に応じて，【話題】について【書かれた文等】を読んで，概要や要点を捉えようとしている。」が基本的な形となる。

※言語活動への取組に関して見通しを立てたり振り返ったりして自らの学習を自覚的に捉えている様子については，特定の領域・単元だけでなく，年間を通じて評価する。

【「英語コミュニケーションＩ」「読むこと」イの評価規準の設定例】

	知識・技能	思考・判断・表現	主体的に学習に取り組む態度
評価規準（設定例）	＜知識＞ ・文章を読み取るために必要となる<u>語彙や表現</u>を理解している。 言語材料 ＜技能＞ ・<u>世界の国々の食文化について書かれた説明文</u>を読み取る技能を身に付けている。 話題 書かれた文等	<u>料理してみたい世界の料理</u>について説明するために，<u>世界の国々の食文化について書かれた説明文</u>を読んで，概要や要点を捉えている。 目的等 話題 書かれた文等	<u>料理してみたい世界の料理</u>について説明するために，<u>世界の国々の食文化について書かれた説明文</u>を読んで，概要や要点を捉えようとしている。 目的等 話題 書かれた文等

「英語コミュニケーションＩ」「話すこと［発表］」の場合

○「知識・技能」の評価規準について

＜知識＞

・「（【内容】を話して伝えるために必要となる）【言語材料】を理解している。」が基本的な形となる。

・【内容】には，当該単元の言語活動で伝える情報や考え，気持ちなどが入る。また，「論理性に注意して」や「理由とともに」などを加えて書くことも考えられる。

・【言語材料】には，当該単元で扱う言語材料を入れることができる。その場合には，言語材料の種類やコミュニケーションを行う目的や場面，状況等に応じて，「○○を用いた文の構造を」や「○○の意味や働きを」などに適宜置き換えて当てはめる。

＜技能＞

・「【話題】について【内容】を，（【言語材料】などを用いて，）話して伝える技能を身に付けている。」が基本的な形となる。

・【話題】には，当該単元の中心となる言語活動で扱う話題等が入る。

・【言語材料】に係る部分には，＜知識＞で示した内容が入る。（省略しても差支えない。）

・【内容】には，当該単元の言語活動で伝える，【話題】に関する情報や考え，気持ちなどが入る。また，「論理性に注意して」や「理由とともに」などを加えて書くことも考えられる。

※＜技能＞については，指導する単元で扱う言語材料が提示された状況で，それを使って事実や自分の考え，気持ちなどを話したり書いたりすることができる状況を評価するのではなく，使用する言語材料の提示がない状況においても，既習の言語材料を用いて情報や考え，気持ちなどを，コミュニケーションを行う目的や場面，状況等に応じて適切な語句や表現等を使用して話したり書いたりすることができる技能を身に付けている状況を評価することに留意する。

〇「思考・判断・表現」の評価規準について

（ア）

・「【目的等】に応じて，【話題】について，【内容】を話して伝えている。」が基本的な形となる。

・【目的等】には，当該単元の中心となる言語活動の中で設定するコミュニケーションを行う目的や場面，状況などを，「〇〇のために」「〇〇するよう」等の形で当てはめる。その際，学習指導要領の「言語の使用場面の例」や「言語の働きの例」を踏まえて設定する。

・【話題】には，当該単元の中心となる言語活動で扱う日常的な話題等が入る。

・【内容】には，「論理性に注意して」や「理由とともに」などを加えて書くことも考えられる。

（イ）

・「【目的等】に応じて，【話題】について，聞いたり読んだりしたことを基に，【内容】を話して伝えている。」が基本的な形となる。

・【話題】には，当該単元の中心となる言語活動で扱う社会的な話題等が入る。

〇「主体的に学習に取り組む態度」の評価規準について

（ア）

・「【目的等】に応じて，【話題】について，【内容】を話して伝えようとしている。」が基本的な形となる。

（イ）

・「【目的等】に応じて，【話題】について，聞いたり読んだりしたことを基に，【内容】を話して伝えようとしている。」が基本的な形となる。

※言語活動への取組に関して見通しを立てたり振り返ったりして自らの学習を自覚的に捉えている様子については，特定の領域・単元だけでなく，年間を通じて把握する。

【「英語コミュニケーションⅠ」「話すこと[発表]」アの評価規準の設定例】

	知識・技能	思考・判断・表現	主体的に学習に取り組む態度
評価規準（設定例）	＜知識＞ ・情報や考え，気持ちなどを理由とともに話して伝えるために必要となる<u>語句や文</u>（言語材料）を理解している。 ＜技能＞ ・<u>町や地域</u>（話題）について，情報や考え，気持ちなどを理由とともに話して伝える技能を身に付けている。	<u>外国の人に「行ってみたい」</u>（目的等）<u>と思ってもらえるように，</u> <u>町や地域</u>（話題）<u>について，情報や</u>考え，気持ちなどを<u>理由とともに</u>（内容）<u>話して伝えている。</u>	<u>外国の人に「行ってみたい」</u>（目的等）<u>と思ってもらえるように，</u> <u>町や地域</u>（話題）<u>について，情報や</u>考え，気持ちなどを<u>理由とともに</u>（内容）<u>話して伝えようとしている。</u>

　以上のような評価規準に照らして各単元等で評価した各領域の評価結果を，観点別評価に総括する方法を以下に示す。なお，ここで示すのは学年末に指導要録における観点別評価に総括する方法であるが，ここで示す考え方は各学期で総括する際に活用することができる。

（例）

ペーパーテスト等の結果（活動の観察の結果を加味）　　パフォーマンステストの結果（活動の観察やペーパーテスト等の結果を加味）

	聞くこと	読むこと	話すこと[やり取り]	話すこと[発表]	書くこと	観点別評価	評定
知識・技能	b	b	c	c	b	B	
思考・判断・表現	b	b	c	b	c	B	3
主体的に学習に取り組む態度	b	b	b	b	c	B	

振り返りの記述内容等と活動の観察を参考

※「ペーパーテスト等」とは，ペーパーテスト（定期考査や単元テスト等）の他，言語活動の際に用いるワークシート等を指す。「活動の観察」とは，単元終末の言語活動やそれに至るまでの言語活動の観察を指す。

※「知識・技能」のうち「知識」（音声に関することは除く）については，領域を問わずペーパーテスト等により評価することが考えられる。（事例2参照）

※評価資料（表中のbやc）は，従来の評価の方法同様，主に三つの方法（ペーパーテスト等，パフォーマンステスト，活動の観察）から得ることができる。評価資料を得る方法は各事例参照。

※学期単位で総括する際は，全ての評価資料を得ることができない場合が考えられる（例：「話すこと」の［やり取り］の評価資料は得たが［発表］は得ていない）が，学年末に総括する際には全ての評価資料が得られていることが必要となる。

※ここで示しているのは各領域・観点の評価資料を得るための評価方法の例であり，必ずしもこの通りの方法でなければならないわけではない。

「知識・技能」は，「b，b，c，c，b」となっていることから，「b」と「c」の数の比率に鑑み，「B」と総括している。なお，学期単位で総括する場合であれば，当該学期で重点を置いて指導した領域の結果を重視して総括するという方法も考えられる。例えば「話すこと［やり取り］」及び「話すこと［発表］」に重点を置いて指導したのであれば，これらの領域の「c」という結果を踏まえ「C」と総括することが考えられる。なお，重点を置いて指導した領域の結果を重視するという考え方は，他の観点においても同様である。

「思考・判断・表現」は，「b，b，c，b，c」となっているため，数の比率を踏まえると「B」と総括することが考えられるとともに，授業における言語活動の観察の結果を加味し「B」と判断することが妥当と考え「B」と総括している。

「主体的に学習に取り組む態度」は，「b，b，b，b，c」となっているため，数の比率から「B」と総括している。

第2章　学習評価に関する事例について

1　事例の特徴

第1編第1章2（4）で述べた学習評価の改善の基本的な方向性を踏まえつつ，平成30年に改訂された高等学校学習指導要領の趣旨・内容の徹底に資する評価の事例を示すことができるよう，本参考資料における各教科の事例は，原則として以下のような方針を踏まえたものとしている。

○　単元に応じた評価規準の設定から評価の総括までとともに，生徒の学習改善及び教師の指導改善までの一連の流れを示している

本参考資料で提示する事例は，単元の評価規準の設定から評価の総括までとともに，評価結果を生徒の学習改善や教師の指導改善に生かすまでの一連の学習評価の流れを念頭においたものである。なお，観点別の学習状況の評価については，「おおむね満足できる」状況，「十分満足できる」状況，「努力を要する」状況と判断した生徒の具体的な状況の例などを示している。「十分満足できる」状況という評価になるのは，生徒が実現している学習の状況が質的な高まりや深まりをもっていると判断されるときである。

○　観点別の学習状況について評価する時期や場面の精選について示している

報告や改善等通知では，学習評価については，日々の授業の中で生徒の学習状況を適宜把握して指導の改善に生かすことに重点を置くことが重要であり，観点別の学習状況についての評価は，毎回の授業ではなく原則として単元や題材など内容や時間のまとまりごとに，それぞれの実現状況を把握できる段階で行うなど，その場面を精選することが重要であることが示された。このため，観点別の学習状況について評価する時期や場面の精選について，「指導と評価の計画」の中で，具体的に示している。

○　評価方法の工夫を示している

生徒の反応やノート，ワークシート，作品等の評価資料をどのように活用したかなど，評価方法の多様な工夫について示している。

2　各事例概要一覧と事例

事例1　キーワード　複数単元を通した「話すこと［発表］」における各観点の評価，指導と評価の計画から評価の総括まで

聞いたり読んだりしたことを基に，情報や考えを理由とともに話して伝える（英語コミュニケーションⅠ）

・当該科目の複数の単元を通した目標，評価規準，指導と評価の計画，及び，複数の単元から一つの単元を取り出し，単元の指導と評価の計画を示している。

・パフォーマンステストの内容，指示内容，採点の基準，生徒のパフォーマンス例及び評価結果を示している。

・学期末の観点別学習状況の評価の進め方を示している。

・「話すこと［発表］」の指導について，「言語活動を通して資質・能力を育成する」という観点から，パフォーマンステストに至るまでに行う指導例及びパフォーマンステスト実施後に考えられる指導の例を示している。

事例2　キーワード　「聞くこと」「読むこと」における「思考・判断・表現」の評価

英語を聞いたり読んだりして，必要な情報，概要や要点，詳細を捉える（英語コミュニケーションⅡ）

・当該科目の単元における目標，評価規準，指導と評価の計画を示している。

・「聞くこと」「読むこと」における「思考・判断・表現」を評価するためのペーパーテストの作成方法及び問題例を示している。加えて，「聞くこと」「読むこと」における「知識・技能」を評価する問題例も示している。

・学期末の観点別学習状況の評価の進め方を示している。

事例3　キーワード　複数単元を通した「話すこと［やり取り］」における「知識・技能」「思考・判断・表現」の評価

意見を論理の構成や展開を工夫して話して伝え合う（論理・表現Ⅰ）

・当該科目の複数の単元を通した目標，評価規準，指導と評価の計画，及び，複数の単元から一つの単元を取り出し，指導と評価の計画を示している。

・「話すこと［やり取り］」における「知識・技能」「思考・判断・表現」「主体的に学習に取り組む態度」を評価するためのパフォーマンステストの内容，指示内容，採点の基準，生徒のパフォーマンス例及び評価結果を示している。

・学期末の観点別学習状況の評価の進め方を示している。

事例4　キーワード　「書くこと」における「知識・技能」「思考・判断・表現」の評価

海外の交流校の生徒からの質問に対する自分の考えや意見を書いて伝える（論理・表現Ⅱ）

・当該科目の単元における目標，評価規準，指導と評価の計画を示している。

・「書くこと」における「知識・技能」「思考・判断・表現」「主体的に学習に取り組む態度」を評価するための課題の内容，採点の基準，生徒の作品例及び評価結果を示している。

・「書くこと」に関する「知識・技能」を評価するペーパーテストの作成方法及び問題例を示している。

・学期末の観点別学習状況の評価の進め方を示している。

事例5 キーワード 「主体的に学習に取り組む態度」の評価

全領域・全単元に共通

・「主体的に学習に取り組む態度」の評価に関する基本的な考え方を示している。

・評価時期の考え方を示している。

・観点別学習状況の評価の進め方を示している。

・「自己調整」を図ることができるようにするための指導例を示している。

以上5つの事例が，いずれの観点及び領域を扱っているかを図で示すと次のようになる。

英語コミュニケーション（事例1，2，5）

	聞くこと	読むこと	話すこと[やり取り]	話すこと[発表]	書くこと
知識・技能	事例2（英コⅡ）			事例1（英コⅠ）	
思考・判断・表現					
主体的に学習に取り組む態度	事例5				

論理・表現 （事例3，4，5）

	話すこと[やり取り]	話すこと[発表]	書くこと
知識・技能	事例3（論表Ⅰ）		事例4（論表Ⅱ）
思考・判断・表現			
主体的に学習に取り組む態度	事例5		

事例2は主に「思考・判断・表現」の評価の方法等について示している。

事例3，4は主に「知識・技能」及び「思考・判断・表現」の評価の方法等について示している。

外国語科　事例1（英語コミュニケーションⅠ）
キーワード　複数単元を通した「話すこと［発表］」における各観点の評価，指導と評価の計画か
　　　　　　ら評価の総括まで

単元名
　聞いたり読んだりしたことを基に，情報や考えと
ともに話して伝える

内容のまとまり
「話すこと［発表］」ア，イ

1　「英語コミュニケーションⅠ」における「話すこと［発表］」ア及びイの目標

　ア　日常的な話題について，使用する語句や文，事前の準備などにおいて，多くの支援を活用すれ
　　ば，基本的な語句や文を用いて，情報や考え，気持ちなどを論理性に注意して話して伝えること
　　ができるようにする。

　イ　社会的な話題について，使用する語句や文，事前の準備などにおいて，多くの支援を活用すれ
　　ば，聞いたり読んだりしたことを基に，基本的な語句や文を用いて，情報や考え，気持ちなどを
　　論理性に注意して話して伝えることができるようにする。

2　複数単元を通した「話すこと［発表］」における目標及び評価規準

（1）目標

　　日常的な話題（日本の発明品）や社会的な話題（環境）について，聞いたり読んだりしたことを
　基に，情報や考えなどを理由とともに話して伝えることができる。

（2）評価規準

知識・技能	思考・判断・表現	主体的に学習に取り組む態度
・情報や考えを述べるために必要となる語彙や表現，音声等を理解している。 ・日常的な話題（日本の発明品）や社会的な話題（環境）についての情報や考えを理由とともに話して伝える技能を身に付けている。	聞き手に自分の考えをよく理解してもらえるように，日常的な話題（日本の発明品）や社会的な話題（環境）についての情報や考えを，聞いたり読んだりしたことを基に，理由とともに話して伝えている。	聞き手に自分の考えをよく理解してもらえるように，日常的な話題（日本の発明品）や社会的な話題（環境）についての情報や考えを，聞いたり読んだりしたことを基に，理由とともに話して伝えようとしている。

3　指導と評価の計画

（1）指導上の留意点

　　本事例では，2（1）で示した目標を達成するために，複数の単元（単元1，2）を通して「話
　すこと［発表］」の指導と評価を行う。指導については，特に次の点に留意する。

　　・単元1では自分が得た情報を相手に説明する，単元2では自分の考えを理由とともに述べると
　　　いう言語活動を行うことによって，複数の単元を通して，様々な言語の働きを関連付けた指導
　　　を行う。（複数の単元を通した段階的な指導については事例3も参照）
　　・音声や発表態度（話し方や立ち振る舞いなど）については，継続的に指導を行う。
　　・聞いたり読んだりして得た情報について，ペアやグループで考えたことを話して伝える「話す
　　　こと［発表］」の言語活動を継続的に行う。あわせて，意見や感想を述べ合ったり質疑応答し
　　　たりするやり取りの活動を行う。

（２）各単元の指導と評価の計画

単元	時間	目標（■）及び主な言語活動等（●）	評価
1	1〜8	■日本の発明品に関する対話文（インタビュー）を聞いたり読んだりしたことを基に，発明品について説明したり，その発明品のよい点などについて，自分の考えを理由とともに話して伝えることができる。	
		●対話文を読んで，概要を表にまとめる。 ●対話文で用いられている語句や表現を活用しながら，扱われている発明品について，ペアで自分の意見を理由とともに話して伝え合う。また，相手の発話内容について質問したり，感想を伝え合ったりする。 ●発明品に関する初見の説明文を読んで，説明文で用いられている語句や文を活用しながら，その発明品について説明するとともに，自分の考えや意見を理由とともに話して伝える。	・本単元の最後の授業（第8時）における言語活動において，評価規準に照らした活動の観察を行う。 ・単元1，2を通じて指導したことがどの程度習熟・育成されたかを評価するために後日パフォーマンステストを行う。（詳細は後述）
2	9〜16（含テスト）	■海洋ごみの問題について，聞いたり読んだりしたことを基に，自分の考えを理由とともに聞き手に分かりやすく話して伝えることができる。	
		●海洋ごみの問題に関するスピーチやプレゼンテーションを聞いて，ペアやグループで課題を確認する。 ●課題解決のために自分（たち）ができることを考え，話して伝え合う。 ●自分の住む町をよりよくするためにできることを挙げ，理由とともに発表する。また，発表後に聞き手と質疑応答を行う。	・本単元の最後の授業（第15時）における言語活動において，評価規準に照らした活動の観察を行う。 ・単元1，2を通じて指導したことがどの程度習熟・育成されたかを評価するために後日パフォーマンステストを行う。（詳細は後述）

（３）単元２の指導と評価の計画

　以下の表中「○」が付されている時間は全員の学習状況を記録に残す。なお，○が付されていない授業においても，指導の改善や生徒の学習改善に生かすために，生徒の学習状況（例：聞いたり読んだりした語句や文，表現等を効果的に活用して話したり書いたりしているか，考えや意見を理由とともに話しているか）を確認し，必要に応じて記録をすることが重要である。確認結果は，単元や学期末などの評価を総括する際に参考にすることができる。（事例5参照）

時間	ねらい（■），言語活動等（丸数字）	知	思	態	備考
1	■単元の目標を理解する。 ■海洋ごみの問題に関するプレゼンテーションを視聴して，課題やその解決策について情報や考えを共有する。 ①海洋ごみの問題について知っていることを，クラス全体で共有する。 ②海洋ごみの問題に関するプレゼンテーションの動画を視聴し，内容を確認するとともに，感想をペアで話して伝え合う。 ③グループで，インターネット等を使って海洋ごみ問題について調べ，得られた情報を整理する。			一斉に記録に残す評価は行わない。ただし，ねらいに即して生徒の活動の状況を見届けて指導に生かすことは毎時間行う。	・単元を通して学習の振り返りは適宜行わせる。

時	学習活動				評価規準・評価方法等
2〜4	■海洋ごみの問題に関する説明文を読んで，課題やその解決策についての情報を整理しながら，考えたことを話して伝え合う。 ①教科書の説明文を読み，海洋ごみの問題に関する課題やその解決策をメモにまとめる。 ②読み取った内容に関する感想や自分の考えを，①のメモを参考にしながらペアで話して伝える。その際，聞き手は疑問点やさらに聞きたいことなどを質問する。 ③ペアを変えて，②の活動を何度も行う。				
5	■モデルスピーチを聞いて，スピーチの構成，表現，音声上の留意点，発表態度を確認し，自分のスピーチを行う際の参考にする。 ①教師やALTが海洋ごみの問題について考えていることや解決のために行っていることを説明したスピーチを聞いて，内容をクラスで確認する。 ※動画は事前に撮影しておき，何度も視聴できるようにする。 ②①で聞いたスピーチの音声や発表態度について，クラスで確認する。 ③スピーチ原稿を読んで，スピーチの構成や使用されている語句や表現を確認する。				
6〜7	■課題を説明し，その改善のために自分ができることを，理由を含めて話して伝える。 ①海洋ごみの問題を解決するために自分ができる取組について考え，ペアやグループで伝え合う。 ②次の事項を含めたスピーチのアウトラインやメモを作成する。 ・海洋ゴミの問題について自分が取り上げる課題とその理由 ・改善のために自分ができる取組 ③モデルスピーチを再度視聴し，音声や発表態度などを確認する。 ④②で作成したアウトラインやメモを活用し，ペアでスピーチを行う。また，互いのスピーチの内容に関して質問し合う。 ⑤ペアを変えて，④と同じ活動を行う。 ⑥目標の達成状況を振り返り，課題を明確にする。				・本単元の評価規準に照らして観察し，本単元で学習した語句や表現の活用，スピーチの構成，音声上の留意点，発表態度について確認をし，適宜フィードバックを行う。
後日	パフォーマンステスト	○	○	○	

（縦書き欄）一斉に記録に残す評価は行わない。ただし，ねらいに即して生徒の活動の状況を見届けて指導に生かすことは毎時間行う。

4　パフォーマンステストについて

「4　指導と評価の計画」で示した後日行うパフォーマンステストについて，以下に示す。

（1）テスト内容

自分が住む町で環境をよりよくしたいことについて，自分の考えを理由とともに話して伝える。

（２）指示内容

　次の指示文を配布する。生徒は，10 分の準備時間内に話す内容についてアウトラインやメモを作成することができる。

> 　自分が住む町について，①よりよくしたいことを指摘し，②なぜよりよくしたいのか，③そのためにどのような行動を取りたいかの３点について， １分程度で話して伝えましょう。準備時間は 10 分です。メモを用意して，必要に応じてメモを参照しながら話しても構いませんが，原稿を書くことはできません。

（３）実施方法

① 　４人程度のグループに分け，各グループにタブレット等を用意する。

② 　「発表→発表後に聞き手との質疑応答」の流れで進め，録画する。

③ 　録画したものを視聴して，採点の基準に沿って評価を行う。

　※生徒に採点の基準を事前に提示する。

　※ここでは，指示を与えて話す内容や構成などを即興で考えるテスト例を示しているが，発表準備を行う一定の期間を与えた上でテストを実施することも考えられる。

　※発表の形態は，ペアやグループでの発表，クラス全体の前での発表など，指導の過程で行った形態に変えることも考えられる。また，クラス全体の前で一人ずつ発表する場合は，録画をせずに，その場で評価することもできる。

　※グループではなく各自が自分の発表を同時に録画するなど，指導の目的や使用できる機材の台数等によって様々な形態が考えられる。

（４）採点の基準

　単元を通して指導したことを踏まえ，次の採点の基準によって評価する。「思考・判断・表現」については，三つの条件を全て満たしていれば「b」（おおむね満足できる）としている。

○「思考・判断・表現」についての三つの条件

条件１：改善したい課題を示している。
条件２：なぜ改善したいのか理由を述べている。
条件３：改善するためにどのような行動を取りたいかを述べている。

	知識・技能	思考・判断・表現	主体的に学習に取り組む態度
a	・語彙や表現が適切に使用されている。 ・聞き手にわかりやすい音声等で話して伝えている。	三つの条件を満たした上で，関連した情報や自分の考えを詳しく述べて伝えている。	三つの条件を満たした上で，関連した情報や自分の考えを詳しく述べて伝えようとしている。
b	・多少の誤りはあるが，理解に支障のない程度の語彙や表現を使って話して伝	三つの条件を満たして話して伝えている。	三つの条件を満たして話して伝えようとしている。

- 56 -

	えている。 ・理解に支障のない程度の 　音声等で話している。		
c	「b」を満たしていない。	「b」を満たしていない。	「b」を満たしていない。

※このテストにおいて，音声に関することを「知識・技能」の採点の基準に含めているが，含めない場合においても，音声に関する指導は継続的に行う。

（5）生徒の発表及び採点の結果の例

※①～③は，（2）指示内容の①～③を示している。各生徒の発表例には，文法的な誤り等を含む。

【生徒A】

ア）生徒の発表例

① I think the park near my house should be improved. ② There are not many trees in the park, so it's quite hot in summertime and people in the park don't have space to escape from the sunshine. It is very dangerous if people are under the sun for long time. ③ To solve the problem, I'd like to exchange opinions about this with my neighbors and discuss about what we can do to have more trees in the park.

イ）採点の結果

　「（4）採点の基準」に沿って，全ての観点で「a」と評価した。

【生徒B】

ア）生徒の発表例

① I think people in community need communication to know people each other. ② When terrible earthquake happen, we have to go to different place. If there is an old person, we should help the person. But if we don't know each other, it is difficult to help the person. ③ So, I would like to try to talk to neighbor.

イ）採点の結果

　「（4）採点の基準」に沿って，全ての観点で「b」と評価した。

【生徒C】

ア）生徒の発表例

① I think we need space more for children. ② There is no park near my house. I sometimes see children play road … street…. It's dange…　（あまり明確でない音声で）dangerous. ③ So, I would like to… talk… I tell to …. I … park. I think children … safe.

イ）採点の結果

　「（4）採点の基準」に沿って，「知識・技能」は「b」，「思考・判断・表現」は「c」と評価した。「主体的に学習に取り組む態度」は，三つの条件を満たして話して伝えることはできなかったが，三つの条件を満たして述べようとしている状況が明らかに見られたため「b」と評価した。

※「主体的に学習に取り組む態度」の評価は，「思考・判断・表現」と一体的に行うことができ，結果として両観点の評価は一致することが多い。一方で，生徒Cのように，三つの条件を満たしていないが，

与えられた課題に取り組もうとしている状況（本事例では，条件3について述べようとする状況）が明らかに見られた場合，「思考・判断・表現」が「c」であっても，「主体的に学習に取り組む態度」を「b」にすることも考えられる。（事例5参照）

5 観点別学習状況の評価の進め方

4（5）に示した生徒A〜Cを例に，これらの生徒の単元1及び単元2の単元終末における活動の観察の結果が以下であった場合の，学期末の観点別評価の総括の考え方について示す。

【生徒A】

	活動観察		パフォーマンステスト	「話すこと［発表］」の評価	他の領域の評価	学期末の観点別評価
	単元1	単元2				
知	b	a	a	a	(a〜c)	(A〜C)
思	a	a	a	a	(a〜c)	(A〜C)
態	a	a	a	a	(a〜c)	(A〜C)

単元1からパフォーマンステストまでの評価において，いずれの観点においても「a」の数が多いことに鑑み，学期末の「話すこと［発表］」における各観点の評価結果をそれぞれ「a」「a」「a」としている。

【生徒B】

	活動観察		パフォーマンステスト	「話すこと［発表］」の評価	他の領域の評価	学期末の観点別評価
	単元1	単元2				
知	b	a	b	b	(a〜c)	(A〜C)
思	b	b	b	b	(a〜c)	(A〜C)
態	b	b	b	b	(a〜c)	(A〜C)

単元1からパフォーマンステストまでの評価において，いずれの観点においても「b」の数が多いことに鑑み，学期末の「話すこと［発表］」における各観点の評価結果をそれぞれ「b」「b」「b」としている。

【生徒C】

	活動観察		パフォーマンステスト	「話すこと［発表］」の評価	他の領域の評価	学期末の観点別評価
	単元1	単元2				
知	c	b	b	b	(a〜c)	(A〜C)
思	b	b	c	b	(a〜c)	(A〜C)
態	b	b	b	b	(a〜c)	(A〜C)

「知識・技能」は，単元1で「c」であったものの，単元2で「b」且つパフォーマンステストでも「b」であったことから「b」としている。「思考・判断・表現」は，パフォーマンステストでは「c」であった一方で，単元1，単元2では「b」であり，「b」としている。「主体的に学習に取り組む態度」は，単元1からパフォーマンステストまでが「b」であることに鑑み「b」としている。

6　指導について

（1）「話すこと［発表］」のパフォーマンステストに至るまでの指導

　パフォーマンステストに至るまでの指導については，表現内容の適切さという内容面と，英語使用の適切さという言語面からの指導を行う。

　内容面の指導については，コミュニケーションを行う目的や場面，状況などに応じた発話内容になっているかという点から，

　　・発表する話題についてペアやグループで話し合ったり，伝えたい内容について他の人と意見を交換しながらブレインストーミングしたりすること，
　　・伝える内容の順番や展開について構想を練ってアウトラインなどを作成すること，
　　・教師やＡＬＴのスピーチをモデルとして例示し，よい発表について考えること
　　などを通して，生徒が伝えたい内容を大切にしながら発表できるように指導を行う。

　言語面の指導については，発表するに当たって有用な語彙や表現，発表の構成，発話の仕方などについて生徒に考えさせながら，伝えたいことが適切に伝わるように使用する語彙や表現，文を多様にしていくような継続的な指導をしていくことが考えられる。語彙や表現，文の使用において，教師とのやり取りの中で生徒に別の表現で言い直しをさせたり，教師が言い直したりしながら，生徒が使える表現などを多様にしていく指導を行いたい。また，教師やＡＬＴのモデルを活用し，語彙や表現，文や内容の構成，発表の仕方などを学べるようにしたい。

　パフォーマンステストに向けて準備をする過程は，授業での活動の再現を自分で行うことである。生徒自らが授業での活動などを振り返り，内容面や言語面について学んだことを生かしながら自分の力で発表を行えるよう，生徒の状況に応じた段階的な指導の配慮を日常から行いたい。

（2）パフォーマンステスト実施後の指導

　教師はそれぞれの観点の評価結果を生徒一人一人に示し，できるようになったことを確認させる。その上で，生徒自身に成果や課題を明らかにさせ，次に向けた目標をもたせる。事例5で示している振り返りシートなどを，生徒の実態に応じて活用しながら，振り返りと次への目標や学習の見通しをもたせることも大切である。

　パフォーマンステストの評価においては，各観点の「a」または「b」評価の発話例を英文でいくつか示し，考えや理由などが話されている部分を取り出したり，話の構成について分析したりするなどして，相手にわかりやすく話すとはどういうことかを，生徒が自覚できるようにするとよい。録画した動画を視聴し，文における区切りやイントネーションなどの音声面や，発表態度などの振り返りをすることで，生徒が継続的に音声面での向上に取り組めるように促すことも重要であろう。

　こうした活動を通し，クラスメイトや自らの発表について客観的に振り返ることで，主体的な学びや自律的な学習へとつなげたい。

単元名	内容のまとまり
英語を聞いたり読んだりして，必要な情報，概要や要点，詳細を捉える	「聞くこと」イ，「読むこと」イ

1　「英語コミュニケーションⅡ」における「聞くこと」イ及び「読むこと」イの目標

「聞くこと」

　　イ　社会的な話題について，話される速さや，使用される語句や文，情報量などにおいて，一定の支援を活用すれば，必要な情報を聞き取り，概要や要点，詳細を目的に応じて捉えることができるようにする。

「読むこと」

　　イ　社会的な話題について，使用される語句や文，情報量などにおいて，一定の支援を活用すれば，必要な情報を読み取り，概要や要点，詳細を目的に応じて捉えることができるようにする。

2　単元の目標と評価規準

（1）目標

　　ユニバーサルデザインに関する説明を聞いたり読んだりして，概要や要点，詳細を捉えるとともに，その内容や言語材料を活用して自分の考えをまとめ，話したり書いたりして伝え合うことができる。

（2）評価規準

「聞くこと」の評価規準

知識・技能	思考・判断・表現	主体的に学習に取り組む態度
・文章を聞き取るために必要となる語彙や表現，比較表現の意味や働きを理解している。 ・ユニバーサルデザインについての文章を聞き取る技能を身に付けている。	自分（たち）の考えを発表するために，国内外におけるユニバーサルデザインの事例についての対話文を聞いて，概要や要点，詳細を整理して捉えている。	自分（たち）の考えを発表するために，国内外におけるユニバーサルデザインの事例についての対話文を聞いて，概要や要点，詳細を整理して捉えようとしている。

「読むこと」の評価規準

知識・技能	思考・判断・表現	主体的に学習に取り組む態度
・文章を読み取るために必要となる語彙や表現，比較表現の意味や働きを理解している。 ・ユニバーサルデザインについての文章を読み取る技能を身に付けている。	自分（たち）の考えを発表するために，国内外におけるユニバーサルデザインの事例についての説明文を読んで，概要や要点，詳細を整理して捉えている。	自分（たち）の考えを発表するために，国内外におけるユニバーサルデザインの事例についての説明文を読んで，概要や要点，詳細を整理して捉えようとしている。

※本事例では，対話文や説明文を聞いたり読んだりして，概要や要点，詳細を捉えることを目標とし

ているが，例えば，話題について得た情報を基に自分の考えを伝え合ったり書いたりする活動に焦点を当てて，「話すこと［やり取り］」や「書くこと」などの評価規準を設定することも考えられる。

3　指導と評価の計画

本事例では「聞くこと」及び「読むこと」の評価を取り上げているため，以下の表では，これらの領域に焦点を当てている。表中で「○」が付されている時間は，基本的には全員の学習状況を記録に残すよう努める。なお，「○」が付されていない授業においても，指導の改善や生徒の学習改善に生かすために，よい姿を示している生徒や課題が見られる生徒の学習状況を確認することが重要である。例えば，

・（「思考・判断・表現」の観点において）表やマッピングを活用して，得た情報を整理しているか
・（「主体的に学習に取り組む態度」の観点において）わからない語や表現があっても，前後関係から意味を推測しようとしているか

などを確認し，その結果を単元や学期末の評価を総括する際に参考にすることができる。

時間	ねらい（■），言語活動等（丸数字）	知	思	態	備考
1	■単元のテーマに対する生徒の興味・関心を喚起するとともに，単元の目標を確認する。 ■単元のテーマに関する身近な情報を共有する。 ①身近なユニバーサルデザインの例を共有する。 ②国内外のユニバーサルデザインの事例を英語で紹介した動画を視聴し，各事例の目的を理解する。	一斉に記録に残す評価は行わない。ただし，ねらいに即して生徒の活動の状況を見届けて指導に生かすことは毎時間行う。			・単元を通して学習の振り返りは適宜行わせる。 ・○以外では，他領域の評価を行うことも考えられる。
2〜4	■教科書や関連する話題を扱った他教材から必要な情報を得たり，特定部分の要点を捉えたりする。 ①ユニバーサルデザインに関する対話文や説明文を聞いて，必要な情報（ユニバーサルデザインの基本的な考え方）を理解する。 ②教科書を読んで，特定部分の要点（ユニバーサルデザインの事例とその効果）を理解する。				
5	■本単元で学習したことや，教師やＡＬＴから得た情報などを参考にして，自分のユニバーサルデザインのアイディアをまとめる。 ①ＡＬＴが考えたユニバーサルデザインとその効果に関する説明を聞いて，概要や要点を捉える。 ②教師が考えたユニバーサルデザインとその効果を説明した英文を読み，概要や要点，詳細を捉える。 ③ＡＬＴや教師の例を参考に，今後必要になると思うユニバーサルデザインを考え，語句レベルでメモを作成する。 ④③のメモを活用しながら，アイディアをペアで伝え合う。		○	○	・ワークシートを配布し，①の概要・要点，②の概要・要点・詳細の記載状況から「思考・判断・表現」を評価する。あわせて，「主体的に学習に取り組む態度」も評価する。
6	■グループとしてのアイディアをまとめ，プレゼンテーションの準備を行う。				

	①今後必要になると思うユニバーサルデザインについて，グループで各自のアイディアを説明し，ベストアイディアを選出する。 ②①で選んだアイディアについて，更にどのような改善を加えることができるかをグループで話し合う。 ③グループで話し合った内容を整理し，プレゼンテーションソフトを使って，スライドにまとめる。 ④プレゼンテーションソフトを使って，発表練習を行う。	一斉に記録に残す評価は行わない。ただし，ねらいに即して生徒の活動の状況を見届けて指導に生かすことは毎時間行う。		
7	■プレゼンテーションを行うとともに，他グループの発表内容を評価する。 ①クラス全体に対し，グループのアイディアを発表する。 ②各プレゼンテーションの後に，聞き取った内容をグループ内で確認する。また，それが有効なアイディアだと思うかどうかを伝え合う。			
後日	ペーパーテスト	○	○	

上記の言語活動において聞き取ったり読み取ったりすることが困難な生徒に対しては，例えば，以下のような指導上の配慮を行うことが考えられる。

> ■「聞くこと」における指導上の配慮
> ・話す速度を調整したり，理解する上で重要な情報を強調して発音したりする。
> ・文と文の間に長めのポーズを置いて，意味処理に十分な時間を確保できるようにする。
> ・聞き取る情報を分割したり，聞き取る視点を変えながら繰り返し聞かせたりすることで，聞き取りの負担を軽減する。
> ■「聞くこと」と「読むこと」に共通する指導上の配慮
> ・聞いたり読んだりする前に，話題の背景について説明したり，話題について知っていることを生徒とやり取りする。
> ・内容と関連のあるイラスト，写真，映像などの視覚情報を与える。
> ・理解が難しいと思われる語句や表現を，簡単な表現や既習の表現で言い換える。
> ・フローチャートなどの図表を活用して，概要理解の補助とする。

4 ペーパーテストの作成方法

「3 指導と評価の計画」で示した後日行うペーパーテストで，「聞くこと」と「読むこと」における「思考・判断・表現」を評価する問題に焦点を当て，その作成手順の例を示す。

（1）話題の決定とスクリプトや文章の作成

教科書の内容をどれだけ理解したかではなく，学習したことを実際に活用する力が身に付いているかを評価するため，基本的には生徒が初めて聞いたり読んだりする英語を用いて評価する。その作成に当たっては，例えば，次のような方法が考えられる。

・教科書で扱っているスクリプトや文章の構成を基に作成する。
・教科書の対話文をモノローグに，あるいは，教科書のモノローグを対話文に書き換える。
・学習した内容と関連のある話題について，同じテキストタイプで書く。その際，可能な範囲で，

授業で扱った言語材料を使用する。

・学習した内容と関連のある話題について書かれた他の英文から引用する。

（2）スクリプトや文章の確認

分量や難易度は適切か，話題について背景知識のある生徒に有利な内容になっていないかなどを確認する。

（3）設問の作成

〔設問例〕※表中の「(L)」は「聞くこと」，「(R)」は「読むこと」，記載がない場合はいずれの領域でも使用可能な設問。

	形式	設問例
必要な情報	選択	・アナウンスを聞いて，次に取るべき行動を選ぶ（L）。 ・プレゼンテーションを聞いて，その内容に合う表やグラフを選ぶ（L）。 ・イベントのポスターを示し，開催日時やスケジュールを聞いたり読んだりして，与えられた条件下で参加できる時間帯を選ぶ。 ・イベントの紹介パンフレットを読み，目的に合うものを選ぶ（R）。
	記述	・話し手の状況や意向，疑問を聞き取り，助言や感想を書く（L）。
概要	選択	・話題を選ぶ。 ・内容に合う絵や図，グラフ，英文を選ぶ。 ・内容に合うように，絵や図を並べ替える。 ・概要をまとめた文章を選ぶ。 ・内容に合うように，英文を時系列に並べ替える。
	記述	・内容に合うように，表やグラフの空欄に単語等を入れる。 ・内容に合うように，タイトルを付ける。 ・概要を書く。
要点	選択	・要点をまとめた文章を選ぶ。
	記述	・要点を書く。 ・要点について，自分の意見とその理由を書く。
詳細	選択	・詳細情報に合う英文を選ぶ。 ・詳細情報に合うように，表やグラフの空欄に当てはまるものを選ぶ。
	記述	・詳細情報を書く。 ・詳細情報について，自分の意見とその理由を書く。

（4）設問の確認

聞いたり読んだりしなくても解答できる（正解が推測できる）設問になっていないか，特定の語や文の意味が分かれば正解を得られる設問になっていないか，誤答として設定した選択肢で正答になり得るものはないか，ある設問が別の設問の正答を示していることはないかなどを確認する。

（5）音源の録音や採点の基準の作成

「聞くこと」の問題の音源の録音，記述式問題の採点基準の作成などを行う。

5 ペーパーテストにおいて「思考・判断・表現」を評価する問題例

（1）「聞くこと」の問題例

Kasumi and her classmate Michael are talking in their classroom. Listen to the dialogue and choose the best option from among the four choices. You will be able to listen to the dialogue only once.

Kasumi: Good morning, Michael.

Michael: Good morning. I didn't see you on the train this morning, Kasumi. What happened?

Kasumi: I came by bus because it was raining. I don't like to walk to the station in the rain.

Michael: Oh, I see. How was the trip?

Kasumi: The bus was really crowded, but I found it quite convenient. It was a "non-step bus."

Michael: "A non-step bus?" What's that?

Kasumi: It's a bus without any steps at the doors.

Michael: Oh, you mean a "low-floor bus."

Kasumi: Yes! I used to see a lot of buses with a lift for people who have physical impairments, but these days low-floor buses are more common.

Michael: They are also common in Australia, where I'm from. The shift to universal design seems to be happening more and more. I think most people prefer it to barrier-free design.

Kasumi: What do you mean?

Michael: Well, the bus, for example. Lifts attached to a bus are special equipment exclusively for people with physical disabilities. But low-floor buses are designed for the benefit of everyone. Anyone can get on the bus more easily without any special equipment like the lifts.

Kasumi: I see. That's why it is called universal design.

（「概要を捉えること」を評価する問題例）

Q1　What are Michael and Kasumi talking about?

① The best way to get to school.　　　② How buses became popular in Japan.

③ The bus Kasumi used this morning.（正解）④ Why buses won't be used much in the future.

（「要点を捉えること」を評価する問題例）

Q2　What does Michael say about barrier-free and universal design?

① Barrier-free design is for the benefit of elderly people, but universal design is for those who have physical disabilities.

② Barrier-free design is used only in buildings, but universal design is for automobiles as well.

③ Universal design can be used by all people, but barrier-free design is only for people with physical disabilities.（正解）

④ Universal design was invented in Australia, but barrier-free design originated in Japan.

（「要点を捉えること」を評価する問題例）

Q3　What design(s) does the picture below show?

① Barrier-free design.（正解）

② Universal design.

③ Both barrier-free and universal design.

④ Neither barrier-free nor universal design.

写真提供　新国立劇場

（2）「読むこと」の問題例

You are asked to read the following article about the Universal Design Font (UD font) to prepare for a presentation in English class.

Have you ever heard of "UD fonts?" UD stands for universal design, and UD fonts have been developed to make texts easier to read than existing fonts.

In 2019, Ikoma City in Nara Prefecture announced that they were going to use UD fonts in written materials at all elementary and junior high schools in the city in order to enhance students' motivation for learning and to improve their academic ability.

Before that, Ikoma City, along with several affiliated companies, had conducted an experiment using a survey with 116 elementary school students. The city prepared two sets of 36 sentences. One set was all written in an ordinary font used for textbooks, and the other set in a UD font. Then, the students were asked to answer if each of the 36 sentences is correct or incorrect separately in one minute, and the results were compared.

The number of students who completed the survey in one minute was close to 8 times higher when the UD font was used than when the ordinary textbook font was used. Also, the percentage of correct answers was higher for sentences in the UD font, and the difference was fifteen percentage points.

The city confirmed the effectiveness of the UD font and decided to install it on the computers of all elementary and junior high school teachers in the city. They believe the UD font can improve the student motivation to learn and academic achievement.

	UD font	Ordinary textbook font
Average number answered	29.5	24.0
Number of the students who finished answering 36 sentences	(1)	4
Percentage of correct answers	(2)	66

（「詳細を整理して捉えること」を評価する問題例）

Q1 Choose the best figure for (1) and (2) in the table. You may use an option only once.

(1) (2): ① 31 （(1)の正解） ② 36 ③ 51 ④ 81 （(2)の正解）

（「要点を捉えること」を評価する問題例）

Q2 What does the article mainly discuss?

① The superiority of UD fonts over ordinary fonts for textbooks. （正解）

② The difficulty of changing ordinary fonts into UD fonts at schools.

③ The advantages of students' learning with UD fonts at home.

④ The effectiveness of UD fonts when students give presentations in class.

（参考）ペーパーテストにおいて「知識・技能」を評価する問題例

○「聞くこと」（語彙の理解を問う問題例）

① light ② step ③ bucket ④ handrail （正解）

（スクリプト）

Listen to a man talking about a problem that his mother has at home. Which item is most likely to help his mother?

"These days my mother has a hard time getting to the bathroom from her bedroom at night because her eyesight and legs are getting weaker. She may need something to hold on to."

（注）選択肢①～④は，全て当該単元で学習した語彙。

○「読むこと」（比較表現の理解を問う問題例）

The pie chart below shows the survey results of Ken's class on their favorite pets. Choose the best sentence that describes the chart.

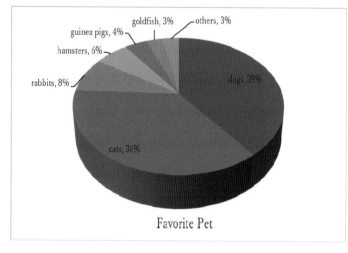

① The third most popular pet among students is hamsters.

② Cats are almost twice as popular as guinea pigs.

③ Cats are less popular than dogs by three percent. （正解）

④ No other pet is as popular as cats.

6 観点別学習状況の評価の進め方と評価

ペーパーテストにおける「思考・判断・表現」の評価は，領域ごとの正答数によって行うことが考えられる。

（例）〔正解数〕○問以上：a ／ ○～○問：b ／ ○問以下：c

正解数	「思考・判断・表現」の評価結果	
	「聞くこと」	「読むこと」
○問以上	a	a
○〜○問	b	b
○問以下	c	c

　以上のペーパーテストの結果に，前述の第5時の授業における評価結果（ワークシートへの記述内容）を勘案し，当該学期の「聞くこと」及び「読むこと」の評価を総括した例を以下に示す。なお，以下の例は，当該学期で三つの単元を指導した場合の例である。

○「聞くこと」の評価

	ワークシート			当該学期のペーパーテスト		「聞くこと」の評価	他の領域の評価	当該学期の観点別評価
	本単元	別単元1	別単元2	「知識・技能」の問題	「思考・判断・表現」の問題			
知	a	a	a	a		a	(a〜c)	(A〜C)
思	b	a	b		b	b	(a〜c)	(A〜C)
態	b	a	b			b	(a〜c)	(A〜C)

○「読むこと」の評価

	ワークシート			当該学期のペーパーテスト		「読むこと」の評価	他の領域の評価	当該学期の観点別評価
	本単元	別単元1	別単元2	「知識・技能」の問題	「思考・判断・表現」の問題			
知	a	a	a	a		a	(a〜c)	(A〜C)
思	b	b	b		b	b	(a〜c)	(A〜C)
態	b	b	b			b	(a〜c)	(A〜C)

外国語科	事例3（論理・表現Ⅰ）
キーワード	複数単元を通した「話すこと［やり取り］」における「知識・技能」「思考・判断・表現」の評価

単元名	内容のまとまり
意見を論理の構成や展開を工夫して話して伝え合う	「話すこと［やり取り］」イ

1 「論理・表現Ⅰ」における「話すこと［やり取り］」イの目標

イ 日常的な話題や社会的な話題について，使用する語句や文，対話の展開などにおいて，多くの支援を活用すれば，ディベートやディスカッションなどの活動を通して，聞いたり読んだりしたことを活用しながら，基本的な語句や文を用いて，意見や主張などを論理の構成や展開を工夫して話して伝え合うことができるようにする。

2 複数単元を通した「話すこと［やり取り］」における目標及び評価規準

（1）目標

日常的な話題（余暇の過ごし方）や社会的な話題（海外研修先の選択）について，聞いたり読んだりしたことを活用しながら，基本的な語句や文を用いて，賛成・反対の立場から，意見を論理の構成や展開を工夫して話して伝え合うことができる。

（2）評価規準

知識・技能	思考・判断・表現	主体的に学習に取り組む態度
・賛成・反対の意見を，論理の構成や展開を工夫して話して伝え合うために必要となる表現を理解している。 ・日常的な話題（余暇の過ごし方）や社会的な話題（海外研修先の選択）について，賛成・反対の意見を論理の構成や展開を工夫して話して伝え合う技能を身に付けている。	自分の意見を，相手によりよく理解してもらえるように，日常的な話題（余暇の過ごし方）や社会的な話題（海外研修先の選択）について，聞いたり読んだりしたことを活用しながら，相手の意見に応じて，賛成・反対の意見を論理の構成や展開を工夫して話して伝え合っている。	自分の意見を，相手によりよく理解してもらえるように，日常的な話題（余暇の過ごし方）や社会的な話題（海外研修先の選択）について，聞いたり読んだりしたことを活用しながら，相手の意見に応じて，賛成・反対の意見を論理の構成や展開を工夫して話して伝え合おうとしている。

3 段階的な指導についての考え方

「話すこと［やり取り］」には言語の使用場面と働き（高等学校学習指導要領「英語コミュニケーションⅠ」の2の(3)の②参照）の要素を，「知識・技能」の観点から計画的に指導で取り上げることが重要である。特に，言語の働きについては，中学校の段階から高等学校の段階へと，より複雑で多様な表現へと段階的に表現を活用していけるように指導を繰り返し行うことが有効である。このため，単元単位での指導に留まらず，学期または年間を通じて複数単元で共通の言語の働きに着目した段階的な指導を行う例を本事例では示している。

本事例の言語の働きは，考えや意図を伝えるための「賛成する」「反対する」である。「知識・技能」の観点からは，より高度な賛成・反対の表現に触れつつ，「論理・表現Ⅰ」では特に「論理の構成や展開を工夫して話して伝え合う」という側面に注目する。これは自分の意見や主張における論理に矛

盾や飛躍がないか，理由や根拠がより適切なものとなっているかなどについて留意しながら伝え合うことである。本事例では，複数の単元（単元1，2）を通して，この目標を達成するための段階的な指導上のポイントを以下のように整理している。

　特に，単元1では，賛成・反対の表現を「知識・技能」の観点から指導することを主な目的とし，かつ，単元2への接続として，理由を述べること，相手の意見を確認できることを中心に言語活動を展開する。単元2はそれを発展させて，論理の構成や展開の工夫という点を重視して指導を行う。

単元1	単元2
○賛成・反対の意見を理由とともに述べ合うことができる。 ・賛成・反対の意見や理由を述べる際に用いられる様々な表現を使うことができる。 ・相手の意見に応じることができるよう，相手の発話内容を確認したり，理解できなければ聞き返したりすることができる。	○相手の意見に応じて，論理の構成や展開を工夫しながら賛成・反対の意見を述べたりすることができる。 ・相手の意見に応じて，自分の意見を理由とともに述べることができる。 ・意見を，論理に矛盾や飛躍がなく，より適切な理由とともに述べることができる。

4　指導と評価の計画

　本事例では，2（1）で示した目標を達成するために，複数の単元（単元1，2）を通して，「話すこと［やり取り］」の指導と評価を行う。また，目標の達成状況を測るためのパフォーマンステストを単元2の指導後に設定する。複数単元の扱いはこのような連続した単元の場合だけでなく，離れた単元との関連性を考慮して，学期または年間を通じて継続的に指導を行い，その複数単元の最後でパフォーマンステストを行って総括するといった評価の仕方もあり得る。

（1）単元1の指導と評価の計画

時間	目標（■）及び主な言語活動（●）	評価
1 〜 4	■余暇の過ごし方について，賛成・反対の立場から，意見を個人的な体験・経験等を理由として示しながら伝え合うことができる。	
	●余暇の過ごし方に関する具体的な意見（例：ビデオゲームをする等）について，短いスピーチを聞いたり記事を読んだりした後に，それらの概要や要点を述べたり，考えたことや感じたことを伝え合う。また，賛成・反対両方の立場からできるだけ多くの意見と理由を出し合う。その後，賛成・反対の立場から意見を伝え合う。相手の意見を聞き，内容を確認したり，理解できなければ聞き返したりする。	本単元の最後の授業で，賛成・反対の意見を理由とともに述べる際に用いる表現に関して「知識・技能」の観点で評価するためのパフォーマンステストを行う。（詳細は後述）

（2）単元2の指導と評価の計画

時間	目標（■）及び主な言語活動（●）	評価
1 〜 4	■海外研修先の選択について，聞いたり読んだりして得た情報を活用しながら，相手の意見に応じて，論理の構成や展開を工夫しながら意見を述べたり，反論したりすることができる。	
	●海外研修先の選択（例：複数の研修ツアーを比較する等）についての複数の意見や提案を，聞いたり読んだりして得	本単元の最後の授業で，相手の意見に応じて，適切な

た情報を用いてまとめる。それに関する意見をグループで出し合い，互いの意見について論理の矛盾や飛躍はないか，より適切な理由は何かを話し合う。また，決められた流れに従って，賛成・反対の立場に分かれて，相手の意見に応じて，より適切な理由とともに反論する。

理由とともに意見を述べたり，反論したりすることを「思考・判断・表現」の観点で評価するためのパフォーマンステストを行う。（詳細は後述）

（3）単元２の指導と評価の計画（細案）

　以下の表中「○」が付されている時間は全員の学習状況を記録に残す。なお，○が付されていない授業においても，指導の改善や生徒の学習改善に生かすために，生徒の学習状況（例：意見や主張などを理由とともに述べる際に用いられる表現を活用しているか等）を確認することが重要である。その結果は，単元や学期末の評価を総括する際に参考にすることができる。

時間	ねらい（■），言語活動等（丸数字）	知	思	態	備考
1	■単元の話題（海外研修先の選択）に対する生徒の興味・関心を喚起するとともに，単元の目標を確認する。 ■相手の意見に応じて，自分の意見を理由とともに述べ合う。 ①複数の海外研修ツアーの広告を読み，その内容を要約し，それぞれのメリットとデメリットについて意見を出し合う。 ②自分がよいと思う研修ツアーを１つ選び，異なるツアーを選んだ相手とペアになり，自分が選んだツアーの優位性について意見を述べ合う。その際，相手の発話内容を確認したり，理解できなければ聞き返したりする（単元１の指導内容の活用）。	指導に生かすことは毎時間行う。	一斉に記録に残す評価は行わない。ただし，ねらいに即して生徒の活動の状況を見届けて		・単元を通して学習の振り返りは適宜行わせる。
2	■単元の話題について，賛成・反対の立場から，自分の意見をより適切な理由とともに述べる。 ①単元の話題に関連する論題（例：School trips should be abolished.等）について賛成・反対の立場からやり取りをしている映像を視聴し，両者の要点を理解する。 ②ペアで，意見や根拠が書かれている英文カードを並べ変えて，論理の矛盾や飛躍がどのように生じるかを考えさせる。 ③グループで，賛成・反対の両方の立場から，できるだけ多くの意見と理由を考え，論理に矛盾や飛躍がないように組み合わせる。 ④賛成・反対のペアを作り，意見を述べ合う。				
3 4	■賛成・反対の立場から，聞いたり読んだりして得た情報を活用しながら，自分の意見をより適切な理由とともに述べる。 ■相手の意見に応じて，より適切な理由とともに反論する。 ①単元の話題に関連する論題（例：Traveling abroad is better than traveling in Japan as a school trip.等）につ				

第3編
事例3

	いて書かれた論証文を読み，海外と国内の研修旅行それぞれのメリットとデメリットを列挙する。 ②グループで，賛成・反対の両方の立場から，①で得た情報を活用しながら，論理に矛盾や飛躍がないように意見と理由を作成する。 ③賛成・反対のペアを作り，意見を述べ合う。その際，賛成側の意見に応じた反論にはどういう視点があるか全体で共有する。 ④最後に別のペアを作り，以下の手順で意見を述べ合う： 　（賛成側）意見と理由を述べる。→（反対側）賛成側の意見に応じて，理由とともに反論する。→（反対側）意見と理由を述べる。 ⑤単元目標の達成状況を振り返り，次の課題を明らかにする。	生かすことは毎時間行う。らいに即して生徒の活動の状況を見届けて指導に一斉に記録に残す評価は行わない。ただし，ね		
後日	パフォーマンステスト		○	○

5　パフォーマンステストについて

　次は，「4　指導と評価の計画」の（1）と（2）に示した目標を達成するために単元1，2で取り上げる表現の例である。学習の過程を通して身に付けたこれらの表現を，実際のコミュニケーションにおいて活用できるかどうかを，「知識・技能」及び「思考・判断・表現」の観点からパフォーマンステストで評価する。

＜単元1，2で取り上げる表現等の例＞

○賛成・反対の意見を述べる際に用いられる表現 　例）I agree/disagree with you, because… / It's true but … 　　　I think/don't think so because… / I see your point, but … / I'm not so sure.＋主張 ○相手の発話内容を確認する表現 　例）Do you mean…? / Would you clarify that? / Am I right to say that…? 　　　What do you mean by…? / Could you explain it in more detail? ○相手の意見に言及する際に用いられる表現 　例）You said that… / As you mentioned, / As you pointed out, / As you said, ○意見やその理由・根拠などを述べる際に用いられる表現 　例）・意見を述べる：In my opinion, … / To my mind, … / From my point of view, … 　　　　　　　　　　X is better than Y. / X should do Y. 　　　・理由を述べる：This is because… / The reason is that… / so / therefore 　　　・例示する：for example / for instance / such as…/ like… 　　　・付け加える：also / in addition / Another point is that… 　　　・列挙する：firstly / to begin with / secondly 　　　・対比する：however / on the other hand / in contrast 　　　・まとめる：in conclusion / to sum it up ○理由を述べる際に用いられる文法事項 　例）・一般的な真理や事実を述べる：現在形　　・過去の経験や体験を述べる：過去形，完了形 　　　・比較・対照する：比較，接続詞　　　　・利点・欠点を表す動詞や形容詞など

（1）「知識・技能」のパフォーマンステストの例（単元１）

　ア　内容

　　　賛成・反対の意見を理由とともに述べる際に用いる表現を理解し，コミュニケーションを行う目的や場面，状況に応じて活用する。

　イ　準備とテストの流れ

　　　録音用の機材（タブレット等）を個々の生徒に準備する。録音用の機材の操作確認をした後，次のような指示を口頭で伝え，リスニング用の音声（ケンの意見）を流す。

　　【指示】

> You will hear Ken's opinion about his school's lunch break. Listen carefully and record your own opinion for or against it with a reason after the beep. You have 30 seconds to record your answer.

　　【Ken's opinion】

> Ken: I think our school should allow students to play video games during our lunch break. What do you think?
>
> (Beep)
>
> You:_____

　ウ　正答例

> 意見や理由の部分に文法等の誤りが含まれていても，相手の意見に応じて，賛成・反対の意見を理由とともに述べていると判断できれば正答とする。
>
> 例１）I agree with you because each student should be able to decide how to spend their lunchtime.
>
> 例２）Yes, but our lunch break is a good chance for communication. So, it's better to talk with friends. I don't want to play video games.
>
> 例３）It's true, but our lunch break should be the time to relax. Playing video games makes me tired.
>
> 例４）I'm not so sure. School is the place to study, not to play video games.

（2）「思考・判断・表現」のパフォーマンステストの例（単元２）

　ア　内容

　　　日常的な話題や社会的な話題（海外研修先の選択）について，与えられた情報を参考にしながら，相手の意見の要点に対して反論した上で，意見を適切な理由や根拠とともに述べる。

　イ　準備する課題

　　　配布用のカードと録音用の機材（タブレット等）を準備し，テスト前に配布する。採点の基準を説明し，録音用の機材の操作を確認した後，次のような指示を口頭で伝え，リスニング用の音声（ケンの意見）を流す。

　　【指示】

> ＜Directions＞
>
> ● You will hear Ken's opinion about "the best destination for our school trip," and your task is to prepare your opinion against it. You may take notes on your card while you listen.
>
> ● After listening, you will have TWO minutes to prepare your opinion and ONE minute to record it.

- First, read the table for ONE minute.
- Now listen to Ken's opinion, prepare your opinion in two minutes, and record your opinion in one minute.
- Are you ready? Here's Ken's opinion.

【Ken's opinion】

I believe that we should go to Australia for our school trip because the country is very rich in nature. We've been studying a lot about how to protect the environment. So, it's a good idea to see how nature is kept in other countries. In Australia, they have various kinds of animals, too. They speak English, so we can easily share different ways of thinking about the environment with them.

【配布用カード】

ID No. _____ Name _____

【Table】　　The Popular Destination for Japanese School Trips

Rank	Place	Number of schools	Average cost (¥)	Flight time (hours)	Official Languages
1	Taiwan	182	108,876	3.5	Mandarin, English
2	Singapore	143	149,650	7.0	English, Malay, Mandarin, Tamil,
3	Malaysia	135	148,007	7.5	Malay, English
4	Australia	120	203,966	9.0	English
5	Guam	99	132,519	4.0	English, Chamorro

【Your notes】※Prep. 2min.　Rec. 1min.

Ken's idea :

Your idea against it :

ウ　採点の基準

　「思考・判断・表現」について，単元１，２における指導の過程を踏まえて以下の二つの条件を両方とも満たしていれば「b」としている。ここでは，生徒の実態や指導の状況を踏まえ，単元２において指導した，自分の意見や主張における論理に矛盾や飛躍がないか，理由や根拠がより適切なものとなっているかといった「論理の構成や展開を工夫して話して伝え合う」という側面を，評価結果「a」となるための条件としている。

条件１	相手の意見の要点を述べている。
条件２	相手とは反対の意見を，適切な理由とともに述べている。

評価結果	思考・判断・表現	主体的に学習に取り組む態度※
a	二つの条件を満たした上で，意見を，論理に矛盾や飛躍がなく，より適切な理由とともに述べている。	二つの条件を満たした上で，意見を，論理に矛盾や飛躍がなく，より適切な理由とともに述べようとしている。
b	二つの条件を満たしている。	二つの条件を満たそうとしている。
c	「b」を満たしていない。	「b」を満たしていない。

※ここでは，「主体的に学習に取り組む態度」の評価を，パフォーマンステストにおいて，「思考・判断・表現」と一体的に評価するという考えに基づいている。（事例5参照）

エ　採点における配慮事項

（ア）英語使用の誤りについて

　　言語面の正確さは，言語使用を繰り返す中で徐々に高まっていくことを踏まえ，音声や文法事項等が不正確だからといって，内容面を適正に評価しないことがないようにする。（「思考・判断・表現」の評価については，言語面の正確さよりも内容面で判断する。）ただし，言語使用における誤りがあることにより，その内容が理解できない場合は，「思考・判断・表現」及び「主体的に学習に取り組む態度」の評価結果を「c」と判断することが考えられる。

（イ）表現の工夫について

　　高等学校では，当該単元で学習した語彙や文法以外に，様々な表現を用いることが予想される。そのため，当該単元で学習した表現に限らず，既習事項を用いて各条件を満たそうとしている側面を肯定的に評価する。

（ウ）情報の活用について

　　単元2の授業において，聞いたり読んだりして得た情報を活用しながら，自分の意見を論理の構成や展開を工夫して述べる学習を行っている。このことから，パフォーマンステストにおいて，課題を達成するために，生徒が配布用カードに書かれている情報を考えるための材料として活用することは想定されるが，すでに有している知識を活用することも可能であるため，意見を適切な理由とともに述べているかを重視して評価する。

オ　録音された生徒の解答例及び採点の結果

（ア）録音された生徒の解答例　※文法的な誤りを含む。

【生徒A】

　　You said Australia is the best... the best place school trip... because we can learn the environment.［条件1］　It's true, but we can learn in other countries too. ... The best place school trip is Taiwan... because... because... it is the most popular place school trip... and... and... very close to Japan. ... I don't like to fly for a long time.［条件2］

【生徒B】

　　You said Australia is the best place for our school trip because we can learn a lot about nature.［条件1］　I see your point, but the aim of our school trip is not only nature. I think we should go to Singapore because... because.... we can hear and learn various languages. ... Besides, ... also, there are many visiting places... which is... are good for us... architecture course... for example,... the building at Marina Bay Sands.［条件2］

【生徒C】

　　You said... you said... you want to see animal.［条件1］　It's true, but I want to go to Guam because... because... umm... it... it's... a beautiful ocean.... to swim enjoy.... I can... we can... see many fish... fishes.［条件2］

（イ）採点の結果

生徒	思考・判断・表現	主体的に学習に取り組む態度
生徒A	b 二つの条件を満たしている。 ※［条件2］について，相手の意見に対して，カードに書かれている人気のある場所に関する情報を活用しながら適切な理由を述べているが，その説明が個人の好みを述べるに留まっているため「思考・判断・表現」の評価を「b」とした。	b 二つの条件を満たそうとしている。
生徒B	a 自分の意見における論理に矛盾や飛躍がなく，より適切な理由を示しながら，二つの条件を満たしている。 ※［条件2］について，相手の意見に対して，カードに書かれている公用語に関する情報を活用しながら適切な理由を述べており，さらに，生徒がすでに有している知識を活用しながら，理由を論理に矛盾や飛躍がなくよりよく述べているため「思考・判断・表現」の評価を「a」とした。	a 自分の意見における論理に矛盾や飛躍がなく，より適切な理由を示しながら，二つの条件を満たそうとしている。
生徒C	c 「b」を満たしていない。 ※［条件1］を満たしていないため「思考・判断・表現」の評価は「c」となるが，相手とは反対の意見を理由とともに述べようとしている状況は見られたため「主体的に学習に取り組む態度」を「b」とした。	b 二つの条件を満たしていないが，［条件2］について満たそうとしている態度が明らかに見られた。

6　観点別学習状況の評価の進め方

　3に示したとおり，本事例では，単元単位での指導に留まらず，学期または年間を通じて複数単元で共通の言語の働きに着目した段階的な指導を行うことの例を示している。このような段階的な指導についての考え方に基づき，ここでは，単元1と単元2のパフォーマンステストの採点の結果（5（1）と（2））を，学期において実施した他の単元における「話すこと［やり取り］」の結果とともに学期末の評価を総括した例を以下に示す。

【生徒C】

	単元1の結果	他の単元の結果	単元2の結果	「話すこと［やり取り］」の評価結果	他の領域の評価結果	学期末の観点別評価
知	b	b		b	(a〜c)	(A〜C)
思		c	c	c	(a〜c)	(A〜C)
態		c	b	b※	(a〜c)	(A〜C)

※「主体的に学習に取り組む態度」の評価は，パフォーマンステストにおいて「思考・判断・表現」と一体的に評価しているが，学期末の観点別評価を行う際には，授業中の発話，教師による行動観察や，生徒による自己評価の状況などを判断材料として評価の総括を行う。（事例5参照）

単元名	内容のまとまり
海外の交流校の生徒からの質問に対する自分の考えや意見を書いて伝える	「書くこと」　ア，イ

1　「論理・表現Ⅱ」における「書くこと」ア及びイの目標

ア　日常的な話題について，使用する語句や文，事前の準備などにおいて，一定の支援を活用すれば，多様な語句や文を用いて，情報や考え，気持ちなどを論理の構成や展開を工夫して複数の段落から成る文章で詳しく書いて伝えることができるようにする。

イ　日常的な話題や社会的な話題について，使用する語句や文，事前の準備などにおいて，一定の支援を活用すれば，聞いたり読んだりしたことを活用しながら，多様な語句や文を用いて，意見や主張などを論理の構成や展開を工夫して複数の段落から成る文章で詳しく書いて伝えることができるようにする。

2　単元の目標と評価規準

（1）目標

　海外の交流校の生徒に，教室での対面授業とオンライン授業のどちらがより効果的であるかについて，自らの経験を交えながら，自分の意見や主張を複数の段落で詳しく書いて伝えることができる。

（2）評価規準

知識・技能	思考・判断・表現	主体的に学習に取り組む態度
・自分の意見や主張を伝えるために必要となる論理の構成や展開及び表現等を理解している。 ・授業形態について，自分の意見や主張を，論理の構成や展開を工夫して詳しく書く技能を身に付けている。	読み手によく理解してもらえるように，授業形態による効果の違いについて，聞いたり読んだりしたことを活用しながら，自分の意見や主張を，論理の構成や展開を工夫して複数の段落を用いて詳しく書いて伝えている。	読み手によく理解してもらえるように，授業形態による効果の違いについて，聞いたり読んだりしたことを活用しながら，自分の意見や主張を，論理の構成や展開を工夫して，複数の段落を用いて詳しく書いて伝えようとしている。

（3）本単元の課題

　生徒の状況や，言語活動の目的や場面等を鑑み，以下のような課題を与えることが考えられる。

　下記は海外交流校の生徒が送ってきた質問です。質問を読み，どちらがより効果的だと思うか英語で書きなさい。ただし，下の条件ア～ウを満たすように書くこと。

Question: Our class has been doing research about the influence of online learning on young people in the world. Which do you think is more effective for high school students to learn, traditional face-to-face classes in the classroom or online classes?

<条件>
ア　立場を明確にして，効果的だと思う理由を二つ以上挙げること。
イ　自らの経験または二つの授業形態の比較を根拠として考えを述べること。
ウ　論理の構成や展開を工夫して，複数の段落から成る文章で書いて伝えること。

3　指導と評価の計画

　本事例は「書くこと」についてであることに鑑み，以下の計画では「書くこと」の指導に焦点を当てている。表中「〇」が付されている時間は，基本的には全員の学習状況を記録に残す。なお，「〇」が付されていない授業においても，指導の改善や生徒の学習改善に生かすために，論理の構成や展開を工夫して意見や主張を書いている様子など，生徒の学習状況を確認することは重要である。ＩＣＴを活用し共有ドライブ等を利用して生徒に授業ごとに英作文を保存させたり，文書の変更履歴を残させたりすることで，学習の過程を確認することができ，単元や学期末の評価を総括する際に参考にすることができる。

時間	ねらい（■），言語活動等（丸数字）	知	思	態	備考
1	■単元の目標を理解し，課題に対する理解を深める。 ■対面授業，オンライン授業について理解する。 ①対面授業及びオンライン授業の定義や特徴を自由に出し合う。 ②クラス全体で，オンライン授業等についての説明文を読む。 ③説明文についてその内容等について確認する。 ④③で確認した構成や表現を参考に，対面授業とオンライン授業について説明する英文を書く練習をする。その後，ペアやグループで読み合い，わかりやすい英文になるよう校正する。				・単元を通して，英文の推敲や，他の生徒との英文の共有のことを考え，ＩＣＴの活用を検討する。 ・単元を通して学習の振り返りは適宜行わせる。
2	■オンライン授業に関する自分の経験を述べる。 ①オンライン授業の経験について書かれたモデル英文を読む（叙述文の文体に触れる）。 ②ペア等でオンライン授業に関する自分の経験を伝え合う。 ③モデル英文についてその内容や構成，叙述文の特徴など，経験を述べる際に効果的な表現について確認する。 ④②や③を踏まえて，自分の経験を述べる英文を書く。 ⑤前時に書いた説明文に自分の経験を加えて，対面授業かオンライン授業について，一つの段落の英文を書く。 ⑥書いた英文をペアで読み合い，感想を述べたり，内容や構成，表現について質問したりする。				
3	■意見や主張を複数の段落で詳しく述べる方法を学ぶ。 ①自らの経験や具体例，既存の知識から考えられる対面授業とオンライン授業の長所や短所について各自で挙げた後，ペアやグループで意見を伝え合う。 ②オンライン授業に関する複数の段落から成る論証文のモデル英文を読み，その内容等について確認する。 ③対面授業，オンライン授業のそれぞれのメリット，デメリッ				

（知・思・態欄を縦断する注記）一斉に記録に残す評価は行わない。ただし，ねらいに即して生徒の活動の状況を確実に見届けて指導に生かすことは毎時間必ず行う。

	トを整理し，二つの授業形態を比較して意見や主張を述べることができるようにする。 ④②や③を踏まえて，与えられたトピック・センテンスの例を参考に，自分の意見・主張の理由をトピック・センテンスとして書き，それに続けて段落を書く。 ＜トピック・センテンスの例＞ ○Online classes are better than face-to-face classes in the classroom because you can learn anytime, anywhere.				
4	■自分の意見や主張のアウトラインを書き出す。 ①前時に学んだことを参考に，教師が示した形式に従ってモデル英文のアウトラインを各自で書き出した後，ペアやグループ，クラスで確認する。 ②①のモデル英文のアウトラインを参考に，書く英文のアウトラインを書く。その際，1〜3時間目に書いた英文を全て並べて，授業の説明や経験についての英文が，自分の意見や主張を述べるのに効果的に組み込めないかどうかを考える。 ③②で書いたアウトラインをペアで読み合い，各自が書いた意見や理由について感想を述べたり，意見や理由を支持する具体例についてより明確にするための質問をしたりする。				
5	■アウトラインを基に原稿を書き上げる。 ①前時に書いたアウトラインと，前時までに読み書きした様々な英文を参考にして，課題の三つの条件を満たすようにして各自原稿を仕上げる。 ②書いた英文の内容や構成，表現についてペアで確認する。 ③読み手にわかりやすい英文になるように，表現については誤りなどを校正するためにインターネットなどを活用する。自信のない表現については，先生やＡＬＴに聞いたり，複数の辞書やコーパスを活用したりして，より適切で豊かな表現を用いることができるよう工夫する。				
6	■グループやクラスで読み合い，良い作品を選ぶ。 ①4人グループで，互いの作品を読み合い，意見や主張を最もわかりやすく伝えている作品を選ぶ。 ②グループで選ばれた作品を教室内に掲示したり，オンラインで共有したりしてクラス全体で読み合う。 ③クラスで最もわかりやすく伝えている英文を複数選び，内容や表現の良い点について確認する。 ④単元目標の達成状況を振り返り，次の課題を明確にする。				
後日	作品提出及びペーパーテスト	○	○	○	

一斉に記録に残す評価は行わない。ただし，ねらいに即して生徒の活動の状況を確実に見届けて指導に生かすことは毎時間必ず行う。

第3編
事例4

4　作品の評価について

（1）作品の採点

　「3　指導と評価の計画」で示した提出された作品の評価について以下に示す。「知識・技能」については，誤りが一部あるが，理解に支障のない程度の英文で書けていれば「b」，「思考・判断・表現」については，以下の三つの条件を全て満たしていれば「b」とする。

> 条件１：立場を明確にして，その理由を二つ以上挙げている。
> 条件２：自らの経験又は二つの授業形態の比較を根拠として考えを述べている。
> 条件３：論理の構成や展開を工夫して，複数の段落から成る文章で書いて伝えている。

	知識・技能	思考・判断・表現	主体的に学習に取り組む態度
a	語彙や表現の選択に優れ，理解しやすい英文を用いて書いている。	三つの条件を全て満たした上で，自分の授業経験や両者の比較を効果的に示しながら書いている。	三つの条件を全て満たした上で，自分の授業経験や両者の比較を効果的に示しながら書こうとしている。
b	誤りが一部あるが，理解に支障のない程度の英文を用いて書いている。	三つの条件を全て満たして書いている。	三つの条件を全て満たして書こうとしている。
c	「b」を満たしていない。	「b」を満たしていない。	「b」を満たしていない。

（2）生徒の作品及び採点の結果の例　※各生徒の作品例には，綴りや文法等の誤り等を含む。

第３編
事例４

【生徒A】

ア）作品例

　I think traditional face-to-face classes are more effective than online classes. Firstly, it is difficult to concentrate in online classes. I know it's bad, but I sometimes watch movies or read web pages in my online classes. They are not important for my study. On the other hand, I can concentrate in tradional class. I only use textbooks and notebooks. I cannot watch any movies.

　Secondly, it is more difficult to exchange ideas. I had group work with my classmates in my online English class. I had to type my ideas in the group work. It took me a lot of time and not so convenient. In tradional classes, we can talk. It's easier.

　For these reasons, traditional classes in the classroom are more effective for high school students than online classes.

イ）採点の結果

知識・技能	思考・判断・表現	主体的に学習に取り組む態度
b	b	b
綴りの誤りや必要な語句等の不足などはあるが，理解に支障のない程度である。	三つの条件を満たして書いている。	三つの条件を満たして書こうとしている。

【生徒B】

ア）作品例

Online classes is not as good as traditional classes in the classroom. Because we can't learn well in online classes in some points. And we may able to get new points. But, it is difficult because it is not easy to learn. Because, I sometimes readed manga at home.

However, to understand in online classes is easy. Last time I saw the video again. I could understand easy. But, it is difficult in traditional classes. So, I should have a lot of time to study. That's why online classes is better than traditional classes in the classroom.

イ）採点の結果

知識・技能	思考・判断・表現	主体的に学習に取り組む態度
c	c	c
綴りや文構造等の誤りや，必要な語句の不足などがあり，理解に支障がある。	三つの条件（条件1「立場を明確にして，その理由を二つ以上挙げている。」）を満たしていない。	三つの条件を満たしていない。

第3編
事例4

【生徒C】

ア）作品例

Learning online is more effective than learning face-to-face in the classroom. When I had an online class for the first time, I found it was much better than the one in class. The main reason is that my teacher prepared the slides so carefully that he could explain all the information much more precisely than usual.

Some people might say we cannot meet each other face to face in online classes, but there is a function of having small groups for interactive sessions, and I enjoyed chatting with my classmates very much. In ordinary classes, I usually talk with my friends nearby. The online class gives me a chance to meet new people, even outside the classroom!

Finally, I think online classes are far superior to face-to-face classes, because we have easier access to teachers' handouts and other materials, so we can use them anytime we need them, which is really beneficial for us. In conclusion, I will definitely go for online classes. When we want to meet face to face, let's meet after school!

イ）採点の結果

知識・技能	思考・判断・表現	主体的に学習に取り組む態度
a	a	a
語彙や表現の選択に優れ，理解するのに支障が全くない。	三つの条件を満たした上で，自らの経験や二つの授業形態の比較を効果的に示して書いている。	三つの条件を満たした上で，自らの経験や二つの授業形態の比較を効果的に示して書こうとしている。

5 「書くこと」に関するペーパーテストについて

（1）ペーパーテストやワークシートの問題の作成方法

「書くこと」に関する問題を作成する際は，以下の項目を確認しながら進めることが大切である。

- 目標を基にして出題のねらいを定め，「知識・技能」及び「思考・判断・表現」の採点の基準を作成する。
- 「知識・技能」と「思考・判断・表現」をバランス良く評価し，「知識・技能」の問題の配点が高くなりすぎていないかを確認する。
- 単元で学習したことを実際に活用できているかどうかを評価する。そのため，単元で扱った課題や問題をそのまま出題しないようにする。
- 「知識・技能」を問う問題では，主に英語使用の適切さという点で評価する。
- 「思考・判断・表現」を問う問題では，主に表現内容の適切さという点で評価する。

（2）「知識・技能」を評価する問題について

主な評価場面となる単元末に行う言語活動や学期末等のパフォーマンステストでは，当該単元や学期等で指導した言語材料（以下「特定の言語材料」という。）が活用できるように，コミュニケーションを行う目的や場面，状況などを工夫することが重要である。あわせて，下の問題例のように，実際のコミュニケーションの場面における特定の言語材料に関する表現についての「知識・技能」を評価する。なお，英語使用が適切であればその知識も有していると判断できることから，「英語使用の適切さ」を評価することにより「使うことができる」といった「技能」の側面だけではなく，「理解している」といった「知識」の側面についても一体的に評価が可能である。

■ 問題例（実際のコミュニケーション場面を設定して，特定の言語材料を用いて書く「知識・技能」に関する問題）

あなた（You）は，引っ越しを控えた友人の Miyuki から 10 階の 1001 号室と 2 階の 203 号室のどちらが良いか相談を受けています。左の表を見ながら，右の図の下線部に入る英語を書きなさい。

	1001	203
Rent	$1,200	$ 750
Noise	quiet	noisy
View	great	not so good
Accessibility to the ground	long waits for the elevator	easy

○ 生徒の正答例：is quieter than / has greater view than　など　※文法的な誤りを含む。

○ 採点の基準：与えられた情報に沿って，比較級などを適切に用いて書いている。綴り等に多少の誤りがあるがコミュニケーションに支障がない。

6　観点別学習状況の評価の進め方

　学期末のペーパーテスト（定期考査）で「知識・技能」を評価する問題を出題した場合，正答率や得点率により当該ペーパーテストの結果を以下のように評価することが考えられる（○には生徒の実態に応じて数値を入れる）。

	「知識・技能」の評価結果
正答率や得点率が○％以上	a
正答率や得点率が○％以上○％未満	b
正答率や得点率が○％以下	c

　以上のペーパーテストの結果に，本事例で扱った単元の評価結果（提出された作品など）を勘案し，事例5にあるように振り返りシート等への記述内容を考慮に入れるなどして，当該学期の「書くこと」の評価を総括した生徒Dの例を以下に示す。

【生徒D】

	本事例の単元の結果	他の単元の結果※	当該学期末の定期考査		「書くこと」の評価結果	他の領域の評価結果	当該学期の観点別評価
			「知識・技能」を評価する問題の結果	「書くこと」のパフォーマンステストの結果			
知	b		b	a	b	(a-c)	(A-C)
思	b			a	a	(a-c)	(A-C)
態	b			a	a	(a-c)	(A-C)

※　他の単元では「書くこと」の言語活動には取り組ませますが，記録に残す評価は行わなかった。

　「知識・技能」については，本事例の単元の「書くこと」の言語活動における英語使用が「おおむね満足できる」程度であったため「b」とした。また定期考査では，「知識・技能」を評価する問題の正答率を基に「b」とし，「書くこと」のパフォーマンステストでは，英語使用の適切さは「十分満足できる」程度と判断されたため「a」とした。以上のことから当該学期の評価は（b，b，a）となり，a，b，cの数を基に判断して，当該学期の評価結果は「b」とした。

　また，「思考・判断・表現」及び「主体的に学習に取り組む態度」については（b，a）であり，当該学期の評価結果は「a」と「b」のいずれの判断もあり得るが，目標に対して一定期間の指導を行った後，学期末で行ったパフォーマンステストの結果を重視して「a」とした。

7　指導について

（1）目標に関する「知識・技能」の評価に関する留意点

　「書くこと」において，生徒が伝えたい内容を相手に適切に伝えるためには，「読むこと」と関連づけて，読み手を意識して書くように指導することが大切である。生徒が英文を読む際に，書き手の意図や目的を意識することで，その文体の違いや表現の効果などに気付いたり，模範となる英文を参考にしながら読み手を意識して書いたりするよう指導すれば，論理の構成や展開の工夫につながる。また，複数の段落から成る文章で書くことでより詳しく描写させたり，理由の明確な根拠などを示して主張−展開−結論などの構成で書かせたりすることにより，読み手に対して，より伝わりやすい文章となる。以上のようなことを意識した指導を経て評価へとつながることに留意し，指導と評価の一体化を図りたい。

具体的な「知識・技能」の評価に関しては，コミュニケーションを行う目的や場面，状況などを理解して英語を適切に使用できるかどうかを評価する。

○「句読法」，「語，連語及び慣用表現」及び「文構造及び文法事項」

○コミュニケーションを行う目的や場面，状況などに応じた論理の構成や展開：適切な文体（叙述文，説明文，論証文など）を用いて，読み手に伝えたい内容を効果的に書くことができるかどうかを評価する。

（参考）文体に応じた論理構成や展開の工夫

文体	書く内容（例）	効果的な論理構成や展開（例）
叙述文	経験や人物伝，歴史上の出来事。人や場所，物の描写など。 （例：日記，物語，紹介文，人物の伝記など。）	・〔経験や出来事〕時間軸に沿って書く。 ・〔描写〕特徴を重要な順や空間的配置等に従って書く。
説明文	主題に関する客観的事実や情報など。 （例：絵や写真などの説明，新聞や雑誌の記事など。）	・要点を項目立てて整理し，説明すべき物事の定義や具体例などを添える。
論証文	意見や主張を掲げた，相手を説得するための議論など。（例：新聞等の意見欄などへの投稿，レポートや論文など。）	・序論→本論→結論の構成で書く。 ・理由付けや具体例などの証拠を用いて，説得力のある意見や主張を書く。

○情報や考えなどを効果的に伝える表現：書く内容に合わせた効果的な表現について評価する。例えば，体験を語る場合は，時を表す副詞（句）や副詞節を使用する。また，時系列や順序で情報を示す first of all，then，finally や，論理の構成・展開を表す therefore，however，in conclusion など，書く目的や場面，状況に合う効果的な表現を使えているかどうかを評価する。

（2）目標に関する「思考・判断・表現」の評価に関する留意点

○書くことによるコミュニケーションの目的を達成しているかどうかを評価する。（例：友人からの誘いにメールで返答する，アンケート調査の趣旨説明を書く）

○書く目的に応じた情報や考えの整理の仕方を工夫して，複数段落の文章全体としてのまとまり，段落と段落及び文と文のつながりを考えながら，複雑な内容を分かりやすく論理的に書いて伝えられるかどうかを評価する。（例：自分の意見や主張における複数の論点を順に書いて説明したり，理由や根拠の妥当性を示す具体例を挙げて詳しく書いて説明したり，他の意見や主張と比較することで自分の意見の有効性を書いて説明したりする，など）

単元名	内容のまとまり
全単元に共通	全領域に共通

1　「主体的に学習に取り組む態度」の評価に関する基本的な考え方

　第２編の「内容のまとまり（五つの領域）ごとの評価規準」を作成する際の【観点ごとのポイント】において，「主体的に学習に取り組む態度」の留意点として以下の４点を示した。

①　「主体的に学習に取り組む態度」は，外国語の背景にある文化に対する理解を深め，聞き手，読み手，話し手，書き手に配慮しながら，主体的，自律的に外国語を用いてコミュニケーションを図ろうとしている状況を評価する。

②　具体的には，「聞くこと」，「読むこと」は，コミュニケーションを行う目的や場面，状況などに応じて，日常的な話題や社会的な話題について話されたり書かれたりする文章等を聞いたり読んだりして，必要な情報を聞き取ったり読み取ったり，話し手や書き手の意図を把握したり，概要や要点などを捉えようとしている状況を評価する。

③　「話すこと［やり取り］」，「話すこと［発表］」，「書くこと」は，日常的な話題や社会的な話題について，コミュニケーションを行う目的や場面，状況などに応じて，情報や考え，気持ちなどを，基本的な語句や文を用いて，論理性に注意して話したり書いたりして表現したり伝え合ったりしようとしている状況を評価する。

④　上記の側面と併せて，言語活動への取組に関して見通しを立てたり振り返ったりして自らの学習を自覚的に捉えている状況についても，特定の領域・単元だけではなく，年間を通じて評価する。

（番号は筆者）

　これは，「主体的に学習に取り組む態度」を，以下の２つの方法で評価することが可能であることを示している。

(1)「外国語の背景にある文化に対する理解を深め」，「聞き手，読み手，話し手，書き手に配慮しながら」目的や場面，状況などに応じて，主体的，自律的に外国語を用いてコミュニケーションを図ろうとしている状況を，言語活動やパフォーマンステスト等で判断する方法（①〜③）

(2)　生徒が自らの学習過程を自覚的に捉え，学びの工夫を図りながら，生徒が自己の学習を調整しようとする状況（以下，「自己調整」という）を，生徒自身による自己評価などが言語活動への取組状況に表れているかといった観察を加味しながら判断する方法（④）

　(1)の評価は，目的や場面，状況などに応じた言語活動を行うためには，「外国語の背景にある文化に対する理解」や「聞き手，読み手，話し手，書き手への配慮」を伴う必要があることに鑑み，生徒が目的や場面，状況などに応じたコミュニケーションを図ろうとしている場面で，主体的に学習に取り組む態度を見取る必要があることを示している。それを踏まえ，単元の評価規準では，授業中の言語活動やパフォーマンステスト等で実際に見取ることができる規準となるよう，「思考・判断・表現」

と対の形にしている（第3編第1章2「単元の評価規準の作成のポイント」参照）。基本的には，言語活動を行っている場面で「思考・判断・表現」と「主体的に学習に取り組む態度」の評価を一体的に行うことができ，結果として，両観点の評価は一致することが多い。ただし，主体的にコミュニケーションを図ろうとする態度が，パフォーマンスや言語活動の質に十分反映されていない場合も考えられ，その場合には，「思考・判断・表現」の評価と「主体的に学習に取り組む態度」の評価は一致しないこともある。

(2)は，生徒が自己の学習を調整しようとする状況を，日頃の授業での言語活動への取組や，振り返りシートなどの記述が実際に活動への取組に表れている様子を教師が観察し必要に応じて記録することで，学期や学年の総括評価を行う際の評価資料とすることができる。

(1)と(2)の評価の例を，本事例で述べることとする。

2 評価時期の考え方

「学びに向かう力，人間性等」は，「知識及び技能」や「思考力，判断力，表現力等」と同様，時間をかけて育まれるものである。それゆえ，「主体的に学習に取り組む態度」のうち，前述の(1)で示した，生徒が主体的，自律的に外国語を用いてコミュニケーションを図ろうとしている状況を評価する時期は，単元等の目標の達成のために一定期間の指導を行った後の，単元末や学期末等で行うパフォーマンステスト等が基本となる。したがって，単元の1時間目に，単元の目標を確認し，単元の話題について生徒の興味や理解を促すための活動を行うことにより，生徒の学習への意欲等が高まったとしても，その単元の学習の成果が十分に表れる段階ではないと考えられ，「主体的に学習に取り組む態度」が育まれたと評価することは適切でない。

また，前述の(2)で示した，生徒が自らの学習を自覚的に捉えている状況を判断するためには，生徒の授業中の発話内容や言語活動，振り返りの様子などを，年間を通して教師が観察し，必要に応じて記録に残す必要がある。特に，授業中の行動観察において取組の状況に課題のある生徒については，個別に指導を行うなどして，生徒が学びの工夫をしながら学習に取り組む態度が育まれるよう指導を行うとともに，その変容を記録に残すことが重要である。

3 「主体的に学習に取り組む態度」の評価の進め方

1，2で示したとおり，「主体的に学習に取り組む態度」の評価は，(1)「思考・判断・表現」の評価と一体的にパフォーマンステスト等で行う評価と，(2)生徒が自己の学習を調整しようとする状況（自己調整）の観察に基づく評価があり，年間を通して行う。具体的には次のような方法が考えられる。

（1）「思考・判断・表現」の評価と一体的にパフォーマンステスト等で行う評価

全ての単元において五つの領域の全てを評価するのではなく，指導においては，五つの領域を結び付けた統合的な言語活動を通して複数の領域を総合的に育成するよう指導しながら，単元ごとにどの領域を重点的に指導し評価を行うかを，指導と評価の計画で決めておく。

以下に示す事例では，「英語コミュニケーションⅠ」において，当該単元で「話すこと［発表］」を重点的に指導し，後日のパフォーマンステストで評価する場合を想定している。

ア　単元の目標

　日常的な話題（旅行や校外学習）について，基本的な語句や文を用いて，情報や考え，気持ちなどを論理性に注意して話して伝えることができる。

イ　評価規準

知識・技能	思考・判断・表現	主体的に学習に取り組む態度
・情報や考え，気持ちを述べるために必要となる語彙や表現，音声等を理解している。 ・日常的な話題（旅行や校外学習）についての情報や考え，気持ちを理由とともに話して伝える技能を身に付けている。	聞き手に自分の考えや気持ちをよく理解してもらえるように，日常的な話題（旅行や校外学習）についての情報や考え，気持ちを，聞いたり読んだりしたことを基に，理由とともに話して伝えている。	聞き手に自分の考えや気持ちをよく理解してもらえるように，日常的な話題（旅行や校外学習）についての情報や考え，気持ちを，聞いたり読んだりしたことを基に，理由とともに話して伝えようとしている。

ウ　単元の指導と評価の計画

　表中の「○」が付されている時間は，全員の学習状況を記録に残す。「○」が付されていない授業においても，指導とその結果としての生徒の学びの様子を適宜記録に残し，評価を総括する際に参考にすることができる。特に，活動に取り組む姿勢や取組状況に課題のある生徒については，個別に指導して改善を促すとともに，その様子を記録するようにする。

時間	主な言語活動等	知	思	態	備考
1〜3	・単元の目標を理解する。 ・旅行について書かれた複数の英文を読んだり聞いたりしたことを基に，基本的な語彙や表現を用いて，旅行の計画について自分の考えを他の生徒と伝え合う活動を行う。その際，理由とともに述べることに留意する。また，音声についても，相手に意図が伝わりやすい発音やイントネーションを意識する。	一斉に記録に残す評価は行わない。ただし，ねらいに即して生徒の活動状況を確実に見届けて指導に生かすことは毎時間必ず行う。			
4・5	・「クラス別校外学習で行きたい場所の候補を挙げ，自分の考えをよく理解してもらえるよう，複数の理由とともに他の生徒に説明する」という内容でプレゼンテーションを行うための準備活動として，ブレインストーミングをしたり，伝える内容の順番や展開を考えながらアウトラインを作成したり，発表する際に使う視覚的な補助資料を作成したりする。				
6	・タブレット等を用いてスライドを提示しながら，まずペアで発表し，次に小グループでのプレゼンテーション活動を行う。				
後日	パフォーマンステスト	○	○	○	

エ　パフォーマンステストの内容

　当該単元で重点的に指導した内容について，後日パフォーマンステストで評価する場合，以下の

ような課題の指示内容が考えられる。

【指示文】

　来日したばかりの留学生と出かけることになりました。○○（都道府）県内を案内するならどこがよいか。場所を一つ挙げて，二つの理由とともに提案してください。事前にメモを用意して，必要に応じてメモを参照しながら説明しても構いません。プレゼンテーションは１分間です。また，プレゼンテーションの要点をスライド１枚にまとめて，提示しながら行ってください。

オ　採点の基準

採点の基準については，以下のようなものが考えられる。基準の内容について生徒が十分理解した上でテストに臨めるよう配慮する。

	知識・技能	思考・判断・表現	主体的に学習に取り組む態度
a	・語彙や表現が適切に使用されている。 ・理解しやすい発音やイントネーションで話しており，適切にポーズを入れている。	案内したい場所と二つの理由を話して伝えた上で，場所と理由のつながりが極めて明確であり，関連した情報などを詳しく述べて伝えている。	案内したい場所と二つの理由を話して伝えた上で，場所と理由のつながりが極めて明確であり，関連した情報などを詳しく述べて伝えようとしている。
b	・多少の誤りはあるが，理解に支障のない程度の語彙や表現を使って話して伝えている。 ・多少の誤りはあるが，理解できる発音やイントネーションで話しており，ポーズも入れている。	案内したい場所と二つの理由を話して伝えている。	案内したい場所と二つの理由を話して伝えようとしている。
c	「b」を満たしていない。	「b」を満たしていない。	「b」を満たしていない。

カ　評価結果の例

パフォーマンステストの結果について，次のような評価結果を例として示す。

	知識・技能	思考・判断・表現	主体的に学習に取り組む態度
生徒A	a	a	a
生徒B	a	b	b
生徒C	b	b	b
生徒D	b	c	b
生徒E	b	c	c

　１で示したとおり，パフォーマンステストにおいて，「思考・判断・表現」と「主体的に学習に取り組む態度」を一体的に評価し，結果として同一の評価となることが多く見られる。ただし，生徒Dは，発表内容においては「c」（努力を要する）と判断したが，提案内容とそれに対応する一つ

の理由は述べた上で，もう一つの理由も述べようとする状況が見られたため「b」（おおむね満足できる）と判断した例である。

　本パフォーマンステストの評価で「c」となった項目のある生徒（生徒D及び生徒E）については，その原因を分析し，学期末や学年末の総括では「b」以上となるように継続的に指導することが大切である。

（2）　生徒が自己の学習を調整しようとする状況（自己調整）の観察に基づく評価

　自らの学習を自覚的に捉えている状況の評価に当たって，日頃の授業での言語活動への取組や，振り返りシートなどの記述が実際に活動への取組に表れている様子を教師が観察し，必要に応じて記録することにより，評価資料を得ることができる。ここでは振り返りシートを用い，その記述内容を参考にしながら，生徒の粘り強い取組の状況や言語活動などで表れた変容を見取り，それらを加味するなどして「主体的に学習に取り組む態度」の評価として学期末にて総括する例を示す。

　例えば，当該学期の「話すこと［発表］」の評価をする際，パフォーマンステストの結果を踏まえて，次のように考えることができる。

○生徒Eの「話すこと［発表］」の評価の例（単元1〜単元4）

	活動観察				パフォーマンステスト	「話すこと［発表］」の評価	他の領域の評価	学期末の観点別評価
	単元1	単元2	単元3	単元4				
知					b	b	(a〜c)	(A〜C)
思					c	c	(a〜c)	(A〜C)
態					c	b	(a〜c)	(A〜C)

　1で示したように，「主体的に学習に取り組む態度」は，基本的にはパフォーマンステスト等において「思考・判断・表現」と一体的に評価する。しかし，パフォーマンステスト等において「主体的に学習に取り組む態度」が「c」（努力を要する）であった場合でも，生徒の振り返りや授業中の学習状況などから，生徒が自らの学習を自覚的に捉え，学習を調整しようしており，実際に言語活動のなかで表出していると判断できる場合には，それらの見取りを評価資料とすることも考えられる。例えば，生徒Eの「主体的に学習に取り組む態度」の「話すこと［発表］」における当該学期の評価結果は，パフォーマンステストの結果を踏まえると「c」となる。しかし，この生徒の場合，単元3における生徒の振り返りシートの記述を反映した状況を授業中の言語活動等で明らかに見取ることができた。このことにより，自らの学習状況を把握し，よりよく学ぼうと具体的な行動を計画し，粘り強く取り組んでいる様子が見られると判断し，当該学期の「話すこと［発表］」における「主体的に学習に取り組む態度」の評価を「b」と総括した。

　振り返りシートの使用は，定期考査ごとに実施するなど，年間を通し，重点的に指導した領域について振り返りが行われるよう無理のないように計画して行う。以下に，振り返りシートの一例を示す。生徒は，単元の学習期間を通して1枚の振り返りシートを使用し，教師は単元の学習の開始時（STEP 1），途中（STEP 2），終了時（STEP 3）のそれぞれの段階で，振り返りシートの記述内容から生徒の学習の状況を把握し，適宜指導を行う。また，多くの生徒に共通している課題があれば，

授業の中で全体に対して指導を行うようにする。

　例示した「振り返りシート」は参考資料として詳細なものを提示したが，学校や生徒の実情に合わせて，より単純化したものを活用したり，選択肢を与えて生徒がチェックボックスにチェックを入れる形式にしたりするなど，振り返りシートの記入が過度の負担とならないように配慮する。

My Record of Study

【目標】単元の学習の最後にできるようになること

> クラス別校外学習の行先の候補を１つ挙げて，興味を持ってもらえるよう，二つの理由とともに他の生徒に説明してください。その際，次のことを目標とします。
>
> ①聞き手にわかりやすい発音やイントネーションで話す。
> ②提案するための語彙や表現を使って，提案場所の内容を述べる。
> ③クラスメイトが校外学習の行先にしたいと思えるように提案場所に関する二つの理由を詳しく述べる。

【STEP 1】目標達成のために何をすればよいか考えよう

> 上記の【目標】を達成するためには，具体的にどのようなことに取り組んだり，どのようなことを意識したりするとよいですか。

↓

【STEP 2】現在の状況を確認し，目標に向けて今後何をすればよいか考えよう

> (1)　これまでにうまくできるようになったことを挙げてみよう。
>
> (2)　これまでに取り組んだことで，難しいと思うことは何ですか。それがうまくできるようになるために，今後どのような工夫をしようと思いますか。

↓

【STEP 3】　自分が達成できたことを確認して，次の目標を考えよう

> (1)　この単元の学習を通してうまくできるようになったことを挙げてみよう。
>
> (2)　まだうまくできないことがある場合，それができるようになるために，今後どのようなことに取り組み，どのようなことを意識しようと思いますか。

　以下は，前述の生徒Eの【STEP 3】の記述である。

生徒E	(1)自分の意見を考えるときに，理由もあわせて考える。 (2)人前で話すと緊張して，変なところで間を空け，何を言いたいのかわからなくなって途中で止まってしまった。スピーチに慣れるように，ペア・ワークの時でも，アイコンタクトなどに気をつけて，大勢の人に話しているようなつもりで話すようにしたい。

　生徒Eは，グループ内での発表やパフォーマンステストの際には緊張などのためうまく発表ができなかったが，それを克服するために普段の授業のペア・ワークの取組を通して工夫することが記述されており，授業中の言語活動において実際に態度として表れていたため，１学期の総括の際

に「b」とした例である。このように，総括の際の評価資料とするため，振り返りシートに記載されたことを参考に当該生徒の様子を観察し，授業中の言語活動などの取組の様子を記録しておくことが大切である。また，振り返りシートの記載内容から生徒の取組の状況を把握し，「c」（努力を要する）の生徒に対しては，振り返りシートへのコメント等で指導を行い学習の改善につなげることも大切である。生徒が学びの工夫をしながら粘り強く学習に取り組んでいる姿には，他にも以下のような例が挙げられる。

- ・以前は，ペア・ワーク等において，英語で話すことをすぐにあきらめて日本語を使用する場面が多く見られたが，既習の語彙や相手が使用している表現などを使いながら，言葉につまりながらも，英語で話し続けるようになった。
- ・以前は，十分に考えを整理する前に思いついたままを書き出し，途中で行き詰まることが多かったが，文章を書き出す前に伝えたいことをメモして整理してから書くようになった。

4　「主体的に学習に取り組む態度」の指導について

　外国語教育における学習の進め方について，例えば，生徒が①目標を把握する，または，生徒自らが目標を設定する，②学習の見通しを立てる，③②での学習の見通しを意識しながら，授業等で目的や場面，状況などが明確に設定された言語活動に取り組む，④自分の学習状況を振り返り，次の目標につなげる，というような過程を繰り返しながら学習に取り組んでいくことが大切である。このような過程を生徒が自覚的に捉えることができるよう，指導の際には，学習の目標，学ぶ内容や学び方を意識させた上で言語活動を行い，うまくいかないことについては学び方を見直させて，次の学習につなげるといった，自己調整を図りながら粘り強い取組を行おうとする側面を把握しながら生徒の学習改善につながる指導を行うことが大切である。

　また，教師による明示的な指導を通してだけでなく，ペアやグループでの協働的な学びを通して，生徒は自分に合った学び方を主体的に模索したり，他者の学び方を参考にしたりすることができると考えられる。例えば，「書くこと」の指導において，単元で扱った話題に関して自分の考えなどを書く活動を行う場合，実際に書き始める前に，書くことに関してペアやグループでブレインストーミングをするステップを踏んだり，書く際に気をつけるべき点などをペアやグループで話し合ったりすることにより，自信のない生徒も他の生徒の取り組み方を知り，自分に合った学習の方法を模索することにつながることが期待できる。

　「主体的に学習に取り組む態度」の評価は，授業等において外国語を用いてコミュニケーションを図ろうとする態度のみならず，学校教育以外の場面においても，生涯にわたって外国語の習得に継続して取り組もうとするといった態度を育成するうえで重要である。高等学校においては，授業等において言語活動を通して実際にコミュニケーションを図るだけでなく，それらのコミュニケーションを通して自分にはどのような力が足りないか，どのような学習が更に必要かなどを自ら考えられる主体的，自律的な態度を育成したい。

巻末資料

評価規準，評価方法等の工夫改善に関する調査研究について

令和 2 年 4 月 13 日　国立教育政策研究所長裁定
令和 2 年 6 月 25 日　一　部　改　正

1　趣　旨

　　学習評価については，中央教育審議会初等中等教育分科会教育課程部会において「児童生徒の学習評価の在り方について」（平成31年1月21日）の報告がまとめられ，新しい学習指導要領に対応した，各教科等の評価の観点及び評価の観点に関する考え方が示されたところである。

　　これを踏まえ，各小学校，中学校及び高等学校における児童生徒の学習の効果的，効率的な評価に資するため，教科等ごとに，評価規準，評価方法等の工夫改善に関する調査研究を行う。

2　調査研究事項

（1）評価規準及び当該規準を用いた評価方法に関する参考資料の作成
（2）学校における学習評価に関する取組についての情報収集
（3）上記（1）及び（2）に関連する事項

3　実施方法

　　調査研究に当たっては，教科等ごとに教育委員会関係者，教師及び学識経験者等を協力者として委嘱し，2の事項について調査研究を行う。

4　庶　務

　　この調査研究にかかる庶務は，教育課程研究センターにおいて処理する。

5　実施期間

　　令和2年5月1日～令和3年3月31日
　　令和3年4月16日～令和4年3月31日

巻末
資料

評価規準，評価方法等の工夫改善に関する調査研究協力者（五十音順）

（職名は令和3年4月現在）

有嶋　宏一　　　　　鹿児島県総合教育センター教科教育研修課研究主事

江原　美明　　　　　武蔵野大学特任教授

向後　秀明　　　　　敬愛大学教授・英語教育開発センター長

塚本　裕之　　　　　静岡県総合教育センター高等学校支援課第1班長

投野由紀夫　　　　　東京外国語大学大学院教授・ワールド・ランゲージ・センター長

富永　　幸　　　　　滋賀県立大津商業高等学校教頭

米野　和徳　　　　　山形県立小国高等学校長

国立教育政策研究所においては，次の関係官が担当した。

富髙　雅代　　　　　国立教育政策研究所教育課程研究センター研究開発部教育課程調査官

この他，本書編集の全般にわたり，国立教育政策研究所において以下の者が担当した。

鈴木　敏之　　　　　国立教育政策研究所教育課程研究センター長
（令和2年7月1日から）
笹井　弘之　　　　　国立教育政策研究所教育課程研究センター長
（令和2年6月30日まで）
杉江　達也　　　　　国立教育政策研究所教育課程研究センター研究開発部副部長
（令和3年4月1日から）
清水　正樹　　　　　国立教育政策研究所教育課程研究センター研究開発部副部長
（令和3年3月31日まで）
新井　敬二　　　　　国立教育政策研究所教育課程研究センター研究開発部研究開発課長
（令和3年4月1日から令和3年7月31日まで）
岩城由紀子　　　　　国立教育政策研究所教育課程研究センター研究開発部研究開発課長
（令和3年3月31日まで）
間宮　弘介　　　　　国立教育政策研究所教育課程研究センター研究開発部研究開発課指導係長

奥田　正幸　　　　　国立教育政策研究所教育課程研究センター研究開発部研究開発課指導係専門職
（令和3年3月31日まで）
髙辻　正明　　　　　国立教育政策研究所教育課程研究センター研究開発部教育課程特別調査員

前山　大樹　　　　　国立教育政策研究所教育課程研究センター研究開発部教育課程特別調査員
（令和3年4月1日から）

学習指導要領等関係資料について

　学習指導要領等の関係資料は以下のとおりです。いずれも，文部科学省や国立教育政策研究所のウェブサイトから閲覧が可能です。スマートフォンなどで閲覧する際は，以下の二次元コードを読み取って，資料に直接アクセスすることが可能です。本書と併せて是非御覧ください。

① 学習指導要領，学習指導要領解説　等
② 中央教育審議会答申「幼稚園，小学校，中学校，高等学校及び特別支援学校の学習指導要領等の改善及び必要な方策等について」(平成 28 年 12 月 21 日)
③ 中央教育審議会初等中等教育分科会教育課程部会報告「児童生徒の学習評価の在り方について」(平成 31 年 1 月 21 日)
④ 小学校，中学校，高等学校及び特別支援学校等における児童生徒の学習評価及び指導要録の改善等について(平成 31 年 3 月 29 日 30 文科初第 1845 号初等中等教育局長通知)
　　　　　　　　　　　　　　　　　※各教科等の評価の観点等及びその趣旨や指導要録(参考様式)は，同通知に掲載。
⑤ 学習評価の在り方ハンドブック(小・中学校編)(令和元年 6 月)
⑥ 学習評価の在り方ハンドブック(高等学校編)(令和元年 6 月)
⑦ 平成 29 年改訂の小・中学校学習指導要領に関する Q&A
⑧ 平成 30 年改訂の高等学校学習指導要領に関する Q&A
⑨ 平成 29・30 年改訂の学習指導要領下における学習評価に関する Q&A

① ② ③
④ ⑤ ⑥
⑦ ⑧ ⑨

巻末
資料

学習評価の
在り方
ハンドブック

高等学校編

学習指導要領　学習指導要領解説

学習評価の基本的な考え方

学習評価の基本構造

総合的な探究の時間及び特別活動の評価について

観点別学習状況の評価について

学習評価の充実

Q&A　−先生方の質問にお答えします−

文部科学省　国立教育政策研究所教育課程研究センター

学習指導要領

学習指導要領とは, 国が定めた「教育課程の基準」です。

（学校教育法施行規則第52条, 74条,84条及び129条等より）

■学習指導要領の構成
〈高等学校の例〉

前文　第1章　総則
　　　第2章　各学科に共通する各教科
　　　　第1節　国語
　　　　第2節　地理歴史
　　　　第3節　公民
　　　　第4節　数学
　　　　第5節　理科
　　　　第6節　保健体育
　　　　第7節　芸術
　　　　第8節　外国語
　　　　第9節　家庭
　　　　第10節　情報
　　　　第11節　理数
　　　第3章　主として専門学科において
　　　　　　　開設される各教科
　　　　第1節　農業
　　　　第2節　工業
　　　　第3節　商業
　　　　第4節　水産
　　　　第5節　家庭
　　　　第6節　看護
　　　　第7節　情報
　　　　第8節　福祉
　　　　第9節　理数
　　　　第10節　体育
　　　　第11節　音楽
　　　　第12節　美術
　　　　第13節　英語
　　　第4章　総合的な探究の時間
　　　第5章　特別活動

総則は, 以下の項目で整理され, 全ての教科等に共通する事項が記載されています。

- ●第1款　高等学校教育の基本と教育課程の役割
- ●第2款　教育課程の編成
- ●第3款　教育課程の実施と学習評価
- ●第4款　単位の修得及び卒業の認定
- ●第5款　生徒の発達の支援
- ●第6款　学校運営上の留意事項
- ●第7款　道徳教育に関する配慮事項

> 学習評価の
> 実施に当たっての
> 配慮事項

各教科等の目標, 内容等が記載されています。

（例）第1節　国語
- ●第1款　目標
- ●第2款　各科目
- ●第3款　各科目にわたる指導計画の作成と内容の取扱い

　平成30年改訂学習指導要領の各教科等の目標や内容は, 教育課程全体を通して育成を目指す資質・能力の三つの柱に基づいて再整理されています。

ア　何を理解しているか, 何ができるか
　　（生きて働く「知識・技能」の習得）
　　※職業に関する教科については,「知識・技術」

イ　理解していること・できることをどう使うか（未知の状況にも対応できる「思考力・判断力・表現力等」の育成）

ウ　どのように社会・世界と関わり, よりよい人生を送るか（学びを人生や社会に生かそうとする「学びに向かう力・人間性等」の涵養）

平成30年改訂「高等学校学習指導要領」より

詳しくは, 文部科学省Webページ「学習指導要領のくわしい内容」をご覧ください。
(http://www.mext.go.jp/a_menu/shotou/new-cs/1383986.htm)

学習指導要領解説

学習指導要領解説とは,大綱的な基準である学習指導要領の記述の意味や解釈などの詳細について説明するために,文部科学省が作成したものです。

■学習指導要領解説の構成
〈高等学校 国語編の例〉

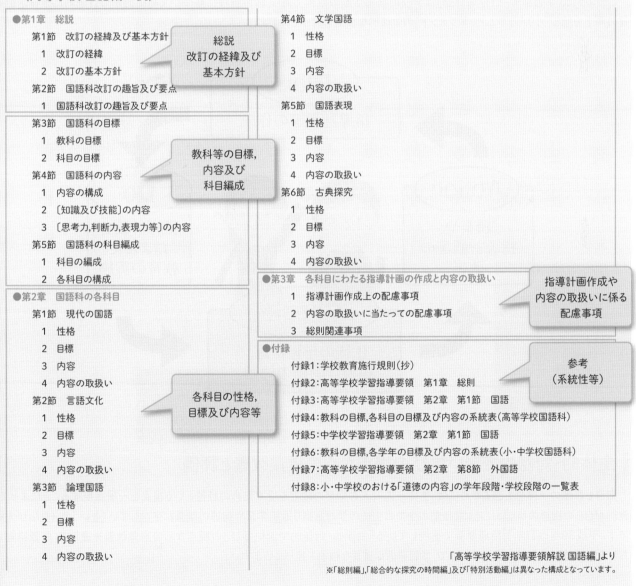

- ●第1章 総説
  - 第1節 改訂の経緯及び基本方針
    - 1 改訂の経緯
    - 2 改訂の基本方針
  - 第2節 国語科改訂の趣旨及び要点
    - 1 国語科改訂の趣旨及び要点
  - 第3節 国語科の目標
    - 1 教科の目標
    - 2 科目の目標
  - 第4節 国語科の内容
    - 1 内容の構成
    - 2 〔知識及び技能〕の内容
    - 3 〔思考力,判断力,表現力等〕の内容
  - 第5節 国語科の科目編成
    - 1 科目の編成
    - 2 各科目の構成
- ●第2章 国語科の各科目
  - 第1節 現代の国語
    - 1 性格
    - 2 目標
    - 3 内容
    - 4 内容の取扱い
  - 第2節 言語文化
    - 1 性格
    - 2 目標
    - 3 内容
    - 4 内容の取扱い
  - 第3節 論理国語
    - 1 性格
    - 2 目標
    - 3 内容
    - 4 内容の取扱い

- 第4節 文学国語
  - 1 性格
  - 2 目標
  - 3 内容
  - 4 内容の取扱い
- 第5節 国語表現
  - 1 性格
  - 2 目標
  - 3 内容
  - 4 内容の取扱い
- 第6節 古典探究
  - 1 性格
  - 2 目標
  - 3 内容
  - 4 内容の取扱い
- ●第3章 各科目にわたる指導計画の作成と内容の取扱い
  - 1 指導計画作成上の配慮事項
  - 2 内容の取扱いに当たっての配慮事項
  - 3 総則関連事項
- ●付録
  - 付録1:学校教育施行規則(抄)
  - 付録2:高等学校学習指導要領 第1章 総則
  - 付録3:高等学校学習指導要領 第2章 第1節 国語
  - 付録4:教科の目標,各科目の目標及び内容の系統表(高等学校国語科)
  - 付録5:中学校学習指導要領 第2章 第1節 国語
  - 付録6:教科の目標,各学年の目標及び内容の系統表(小・中学校国語科)
  - 付録7:高等学校学習指導要領 第2章 第8節 外国語
  - 付録8:小・中学校のおける「道徳の内容」の学年段階・学校段階の一覧表

吹き出し内:
- 総説 改訂の経緯及び基本方針
- 教科等の目標,内容及び科目編成
- 各科目の性格,目標及び内容等
- 指導計画作成や内容の取扱いに係る配慮事項
- 参考(系統性等)

「高等学校学習指導要領解説 国語編」より
※「総則編」,「総合的な探究の時間編」及び「特別活動編」は異なった構成となっています。

> 教師は,学習指導要領で定めた資質・能力が,生徒に確実に育成されているかを評価します

学習評価の基本的な考え方

　学習評価は,学校における教育活動に関し,生徒の学習状況を評価するものです。「生徒にどういった力が身に付いたか」という学習の成果を的確に捉え,**教師が指導の改善を図る**とともに,**生徒自身が自らの学習を振り返って次の学習に向かうことができるようにする**ためにも,学習評価の在り方は重要であり,教育課程や学習・指導方法の改善と一貫性のある取組を進めることが求められます。

■ カリキュラム・マネジメントの一環としての指導と評価

　各学校は,日々の授業の下で生徒の学習状況を評価し,その結果を生徒の学習や教師による指導の改善や学校全体としての教育課程の改善,校務分掌を含めた組織運営等の改善に生かす中で,学校全体として組織的かつ計画的に教育活動の質の向上を図っています。

　このように,「学習指導」と「学習評価」は学校の教育活動の根幹であり,教育課程に基づいて組織的かつ計画的に教育活動の質の向上を図る「カリキュラム・マネジメント」の中核的な役割を担っています。

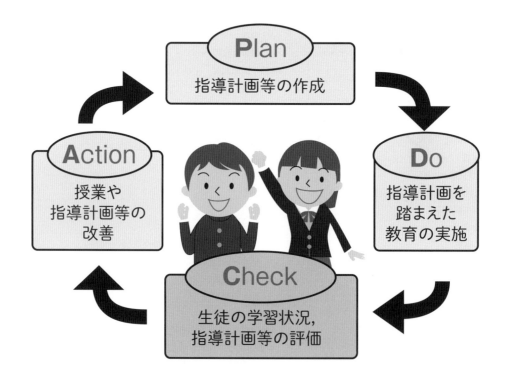

■ 主体的・対話的で深い学びの視点からの授業改善と評価

　指導と評価の一体化を図るためには,生徒一人一人の学習の成立を促すための評価という視点を一層重視することによって,教師が自らの指導のねらいに応じて授業の中での生徒の学びを振り返り,学習や指導の改善に生かしていくというサイクルが大切です。平成30年改訂学習指導要領で重視している「主体的・対話的で深い学び」の視点からの授業改善を通して,各教科等における資質・能力を確実に育成する上で,学習評価は重要な役割を担っています。

次の授業では
〇〇を重点的に
指導しよう。

〇〇のところは
もっと〜した方が
よいですね。

☑ 教師の指導改善に
つながるものにしていくこと

☑ 生徒の学習改善に
つながるものにしていくこと

☑ これまで慣行として行われてきたことでも,
必要性・妥当性が認められないものは
見直していくこと

詳しくは,平成31年3月29日文部科学省初等中等教育局長通知「小学校,中学校,高等学校及び特別支援学校等における児童生徒の学習評価及び指導要録の改善等について(通知)」をご覧ください。
(http://www.mext.go.jp/b_menu/hakusho/nc/1415169.htm)

コラム　　　評価に戸惑う生徒の声

「先生によって観点の重みが違うんです。授業態度をとても重視する先生もいるし,テストだけで判断するという先生もいます。そうすると,どう努力していけばよいのか本当に分かりにくいんです。」(中央教育審議会初等中等教育分科会教育課程部会 児童生徒の学習評価に関するワーキンググループ第7回における高等学校3年生の意見より)

あくまでこれは一部の意見ですが,学習評価に対する生徒のこうした意見には,適切な評価を求める切実な思いが込められています。そのような生徒の声に応えるためにも,教師は,生徒への学習状況のフィードバックや,授業改善に生かすという評価の機能を一層充実させる必要があります。教師と生徒が共に納得する学習評価を行うためには,評価規準を適切に設定し,評価の規準や方法について,教師と生徒及び保護者で共通理解を図るガイダンス的な機能と,生徒の自己評価と教師の評価を結び付けていくカウンセリング的な機能を充実させていくことが重要です。

Column

学習評価の基本構造

　平成30年改訂で，学習指導要領の目標及び内容が資質・能力の三つの柱で再整理されたことを踏まえ，各教科における観点別学習状況の評価の観点については，「知識・技能」，「思考・判断・表現」，「主体的に学習に取り組む態度」の3観点に整理されています。

「学びに向かう力，人間性等」には
①「主体的に学習に取り組む態度」として観点別評価（学習状況を分析的に捉える）を通じて見取ることができる部分と，
②観点別評価や評定にはなじまず，こうした評価では示しきれないことから個人内評価を通じて見取る部分があります。

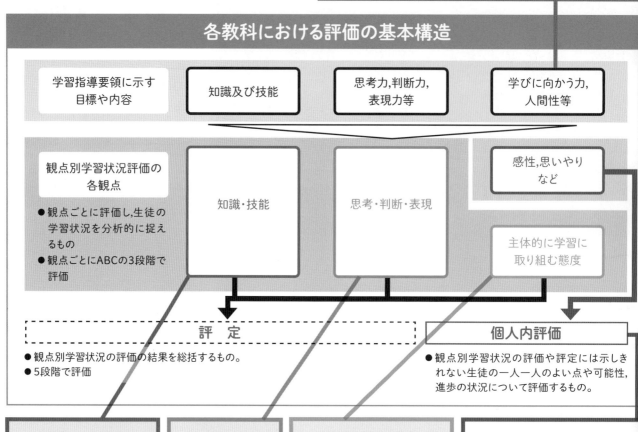

各教科における評価の基本構造

| 学習指導要領に示す目標や内容 | 知識及び技能 | 思考力,判断力,表現力等 | 学びに向かう力,人間性等 |

観点別学習状況評価の各観点
- 観点ごとに評価し,生徒の学習状況を分析的に捉えるもの
- 観点ごとにABCの3段階で評価

知識・技能 ／ 思考・判断・表現 ／ 感性,思いやりなど ／ 主体的に学習に取り組む態度

評　定
- 観点別学習状況の評価の結果を総括するもの。
- 5段階で評価

個人内評価
- 観点別学習状況の評価や評定には示しきれない生徒の一人一人のよい点や可能性,進歩の状況について評価するもの。

　各教科等における学習の過程を通した知識及び技能の習得状況について評価を行うとともに,それらを既有の知識及び技能と関連付けたり活用したりする中で,他の学習や生活の場面でも活用できる程度に概念等を理解したり,技能を習得したりしているかを評価します。

　各教科等の知識及び技能を活用して課題を解決する等のために必要な思考力,判断力,表現力等を身に付けているかどうかを評価します。

　知識及び技能を獲得したり,思考力,判断力,表現力等を身に付けたりするために,自らの学習状況を把握し,学習の進め方について試行錯誤するなど自らの学習を調整しながら,学ぼうとしているかどうかという意思的な側面を評価します。

　個人内評価の対象となるものについては,生徒が学習したことの意義や価値を実感できるよう,日々の教育活動等の中で生徒に伝えることが重要です。特に,「学びに向かう力,人間性等」のうち「感性や思いやり」など生徒一人一人のよい点や可能性,進歩の状況などを積極的に評価し生徒に伝えることが重要です。

　詳しくは,平成31年1月21日文部科学省中央教育審議会初等中等教育分科会教育課程部会「児童生徒の学習評価の在り方について（報告）」をご覧ください。
（http://www.mext.go.jp/b_menu/shingi/chukyo/chukyo3/004/gaiyou/1412933.htm）

学習評価の基本構造

総合的な探究の時間及び特別活動の評価について

総合的な探究の時間，特別活動についても，学習指導要領等で示したそれぞれの目標や特質に応じ，適切に評価します。

総合的な探究の時間

総合的な探究の時間の評価の観点については，学習指導要領に示す「第1 目標」を踏まえ，各学校において具体的に定めた目標，内容に基づいて，以下を参考に定めることとしています。

知識・技能	思考・判断・表現	主体的に学習に取り組む態度
探究の過程において，課題の発見と解決に必要な知識及び技能を身に付け，課題に関わる概念を形成し，探究の意義や価値を理解している。	実社会や実生活と自己との関わりから問いを見いだし，自分で課題を立て，情報を集め，整理・分析して，まとめ・表現している。	探究に主体的・協働的に取り組もうとしているとともに，互いのよさを生かしながら，新たな価値を創造し，よりよい社会を実現しようとしている。

この3つの観点に則して生徒の学習状況を見取ります。

特別活動

　従前，高等学校等における特別活動において行った生徒の活動の状況については，主な事実及び所見を文章で記述することとされてきたところ，文章記述を改め，各学校が設定した観点を記入した上で，活動・学校行事ごとに，評価の観点に照らして十分満足できる活動の状況にあると判断される場合に，○印を記入することとしています。

　評価の観点については，特別活動の特質と学校の創意工夫を生かすということから，設置者ではなく，各学校が評価の観点を定めることとしています。その際，学習指導要領等に示す特別活動の目標や学校として重点化した内容を踏まえ，例えば以下のように，具体的に観点を示すことが考えられます。

特別活動の記録						
内容	観点	学年	1	2	3	4
ホームルーム活動	よりよい生活や社会を構築するための知識・技能		○		○	
生徒会活動	集団や社会の形成者としての思考・判断・表現 主体的に生活や社会，人間関係をよりよく構築しようとする態度			○		
学校行事				○	○	

高等学校生徒指導要録(参考様式)様式2の記入例　（3年生の例）

　各学校で定めた観点を記入した上で，内容ごとに，十分満足できる状況にあると判断される場合に，○印を記入します。
　○印をつけた具体的な活動の状況等については，「総合所見及び指導上参考となる諸事項」の欄に簡潔に記述することで，評価の根拠を記録に残すことができます。

　なお，特別活動は，ホームルーム担任以外の教師が指導することも多いことから，評価体制を確立し，共通理解を図って，生徒のよさや可能性を多面的・総合的に評価するとともに，指導の改善に生かすことが求められます。

観点別学習状況の評価について

　観点別学習状況の評価とは，学習指導要領に示す目標に照らして，その実現状況がどのようなものであるかを，観点ごとに評価し，生徒の学習状況を分析的に捉えるものです。

■「知識・技能」の評価の方法

　「知識・技能」の評価の考え方は，従前の評価の観点である「知識・理解」，「技能」においても重視してきたところです。具体的な評価方法としては，例えばペーパーテストにおいて，事実的な知識の習得を問う問題と，知識の概念的な理解を問う問題とのバランスに配慮するなどの工夫改善を図る等が考えられます。また，生徒が文章による説明をしたり，各教科等の内容の特質に応じて，観察・実験をしたり，式やグラフで表現したりするなど実際に知識や技能を用いる場面を設けるなど，多様な方法を適切に取り入れていくこと等も考えられます。

■「思考・判断・表現」の評価の方法

　「思考・判断・表現」の評価の考え方は，従前の評価の観点である「思考・判断・表現」においても重視してきたところです。具体的な評価方法としては，ペーパーテストのみならず，論述やレポートの作成，発表，グループでの話合い，作品の制作や表現等の多様な活動を取り入れたり，それらを集めたポートフォリオを活用したりするなど評価方法を工夫することが考えられます。

■「主体的に学習に取り組む態度」の評価の方法

　具体的な評価方法としては，ノートやレポート等における記述，授業中の発言，教師による行動観察や，生徒による自己評価や相互評価等の状況を教師が評価を行う際に考慮する材料の一つとして用いることなどが考えられます。その際，各教科等の特質に応じて，生徒の発達の段階や一人一人の個性を十分に考慮しながら，「知識・技能」や「思考・判断・表現」の観点の状況を踏まえた上で，評価を行う必要があります。

「主体的に学習に取り組む態度」の評価のイメージ

○「主体的に学習に取り組む態度」の評価については、①知識及び技能を獲得したり、思考力、判断力、表現力等を身に付けたりすることに向けた粘り強い取組を行おうとする側面と、②①の粘り強い取組を行う中で、自らの学習を調整しようとする側面、という二つの側面から評価することが求められる。

○これら①②の姿は実際の教科等の学びの中では別々ではなく相互に関わり合いながら立ち現れるものと考えられる。例えば、自らの学習を全く調整しようとせず粘り強く取り組み続ける姿や、粘り強さが全くない中で自らの学習を調整する姿は一般的ではない。

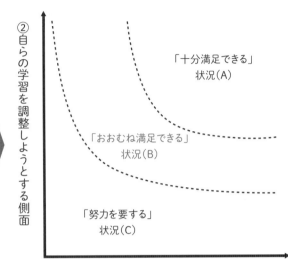

②自らの学習を調整しようとする側面

「十分満足できる」
状況(A)

「おおむね満足できる」
状況(B)

「努力を要する」
状況(C)

①粘り強い取組を行おうとする側面

ここでの評価は、その学習の調整が「適切に行われるか」を必ずしも判断するものではなく、学習の調整が知識及び技能の習得などに結びついていない場合には、教師が学習の進め方を適切に指導することが求められます。

「自らの学習を調整しようとする側面」とは…

自らの学習状況を把握し、学習の進め方について試行錯誤するなどの意思的な側面のことです。評価に当たっては、生徒が自らの理解の状況を振り返ることができるような発問の工夫をしたり、自らの考えを記述したり話し合ったりする場面、他者との協働を通じて自らの考えを相対化する場面を、単元や題材などの内容のまとまりの中で設けたりするなど、「主体的・対話的で深い学び」の視点からの授業改善を図る中で、適切に評価できるようにしていくことが重要です。

コラム

「主体的に学習に取り組む態度」は、「関心・意欲・態度」と同じ趣旨ですが…
〜こんなことで評価をしていませんでしたか?〜

平成31年1月21日文部科学省中央教育審議会初等中等教育分科会教育課程部会「児童生徒の学習評価の在り方について(報告)」では、学習評価について指摘されている課題として、「関心・意欲・態度」の観点について「学校や教師の状況によっては、挙手の回数や毎時間ノートを取っているかなど、性格や行動面の傾向が一時的に表出された場面を捉える評価であるような誤解が払拭し切れていない」ということが指摘されました。これを受け、従来から重視されてきた各教科等の学習内容に関心をもつことのみならず、よりよく学ぼうとする意欲をもって学習に取り組む態度を評価するという趣旨が改めて強調されました。

Column

学習評価の充実

学習評価の妥当性,信頼性を高める工夫の例

- 評価規準や評価方法について,事前に教師同士で検討するなどして明確にすること,評価に関する実践事例を蓄積し共有していくこと,評価結果についての検討を通じて評価に係る教師の力量の向上を図ることなど,学校として組織的かつ計画的に取り組む。
- 学校が生徒や保護者に対し,評価に関する仕組みについて事前に説明したり,評価結果についてより丁寧に説明したりするなど,評価に関する情報をより積極的に提供し生徒や保護者の理解を図る。

評価時期の工夫の例

- 日々の授業の中では生徒の学習状況を把握して指導に生かすことに重点を置きつつ,各教科における「知識・技能」及び「思考・判断・表現」の評価の記録については,原則として単元や題材などのまとまりごとに,それぞれの実現状況が把握できる段階で評価を行う。
- 学習指導要領に定められた各教科等の目標や内容の特質に照らして,複数の単元や題材などにわたって長期的な視点で評価することを可能とする。

学年や学校間の円滑な接続を図る工夫の例

- 「キャリア・パスポート」を活用し,生徒の学びをつなげることができるようにする。
- 入学者選抜の方針や選抜方法の組合せ,調査書の利用方法,学力検査の内容等について見直しを図る。
- 大学入学者選抜において用いられる調査書を見直す際には,観点別学習状況の評価について記載する。
- 大学入学者選抜については,高等学校における指導の在り方の本質的な改善を促し,また,大学教育の質的転換を大きく加速し,高等学校教育・大学教育を通じた改革の好循環をもたらすものとなるような改革を進めることが考えられる。

評価方法の工夫の例

高校生のための学びの基礎診断の認定ツールを活用した例

高校生のための学びの基礎診断とは,高校段階における生徒の基礎学力の定着度合いを測定する民間の試験等を文部科学省が一定の要件に適合するものとして認定する仕組みで,平成30年度から制度がスタートしています。学習指導要領を踏まえた出題の基本方針に基づく問題設計や,主として思考力・判断力・表現力等を問う問題の出題等が認定基準となっています。受検結果等から,生徒の課題等を把握し,自らの指導や評価の改善につなげることも考えられます。

詳しくは,文部科学省Webページ「高校生のための学びの基礎診断」をご覧ください。
(http://www.mext.go.jp/a_menu/shotou/kaikaku/1393878.htm)

 コラム

評価の方法の共有で働き方改革

ペーパーテスト等のみにとらわれず,一人一人の学びに着目して評価をすることは,教師の負担が増えることのように感じられるかもしれません。しかし,生徒の学習評価は教育活動の根幹であり,「カリキュラム・マネジメント」の中核的な役割を担っています。その際,助けとなるのは,教師間の協働と共有です。

評価の方法やそのためのツールについての悩みを一人で抱えることなく,学校全体や他校との連携の中で,計画や評価ツールの作成を分担するなど,これまで以上に協働と共有を進めれば,教師一人当たりの量的・時間的・精神的な負担の軽減につながります。風通しのよい評価体制を教師間で作っていくことで,評価方法の工夫改善と働き方改革にもつながります。

「指導と評価の一体化の取組状況」

A:学習評価を通じて,学習評価のあり方を見直すことや個に応じた指導の充実を図るなど,指導と評価の一体化に学校全体で取り組んでいる。

B:指導と評価の一体化の取組は,教師個人に任されている。

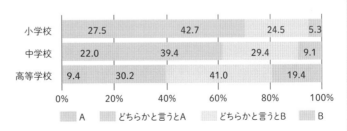

（平成29年度文部科学省委託調査「学習指導と学習評価に対する意識調査」より）

Column

学習評価の充実

Q&A －先生方の質問にお答えします－

Q1 1回の授業で，3つの観点全てを評価しなければならないのですか。

A. 学習評価については，日々の授業の中で生徒の学習状況を適宜把握して指導の改善に生かすことに重点を置くことが重要です。したがって観点別学習状況の評価の記録に用いる評価については，毎回の授業ではなく原則として単元や題材などの内容や時間のまとまりごとに，それぞれの実現状況を把握できる段階で行うなど，その場面を精選することが重要です。

Q2 「十分満足できる」状況(A)はどのように判断したらよいのですか。

A. 各教科において「十分満足できる」状況(A)と判断するのは，評価規準に照らし，生徒が実現している学習の状況が質的な高まりや深まりをもっていると判断される場合です。「十分満足できる」状況(A)と判断できる生徒の姿は多様に想定されるので，学年会や教科部会等で情報を共有することが重要です。

Q3 高等学校における観点別評価の在り方で、留意すべきことは何ですか?

A. これまでも，高等学校における学習評価では，生徒一人一人に対して観点別評価と生徒へのフィードバックが行われてきましたが，指導要録の参考様式に観点別学習状況の記載欄がなかったこともあり，指導要録に観点別学習状況を記録している高等学校は13.3%にとどまっていました（平成29年度文部科学省委託調査「学習指導と学習評価に対する意識調査」より）。平成31年3月29日文部科学省初等中等教育局長通知「小学校，中学校，高等学校及び特別支援学校等における児童生徒の学習評価及び指導要録の改善等について（通知）」における観点別学習状況の評価に係る説明が充実したことと指導要録の参考様式に記載欄が設けられたことを踏まえ，高等学校では観点別学習状況の評価を更に充実し，その質を高めることが求められます。

Q4 評定以外の学習評価についても保護者の理解を得るにはどのようにすればよいのでしょうか。

A. 保護者説明会等において，学習評価に関する説明を行うことが効果的です。各教科等における成果や課題を明らかにする「観点別学習状況の評価」と，教育課程全体を見渡した学習状況を把握することが可能な「評定」について，それぞれの利点や，上級学校への入学者選抜に係る調査書のねらいや活用状況を明らかにすることは，保護者との共通理解の下で生徒への指導を行っていくことにつながります。

Q5 障害のある生徒の学習評価について、どのようなことに配慮すべきですか。

A. 学習評価に関する基本的な考え方は，障害のある生徒の学習評価についても変わるものではありません。このため，障害のある生徒については，特別支援学校等の助言または援助を活用しつつ，個々の生徒の障害の状態等に応じた指導内容や指導方法の工夫を行い，その評価を適切に行うことが必要です。また，指導要録の通級による指導に関して記載すべき事項が個別の指導計画に記載されている場合には，その写しをもって指導要録への記入に替えることも可能としました。

文部科学省
国立教育政策研究所
NIER
National Institute for Educational Policy Research

令和元年6月
文部科学省　国立教育政策研究所教育課程研究センター
〒100-8951 東京都千代田区霞が関3丁目2番2号　TEL 03-6733-6833（代表）

「指導と評価の一体化」のための
学習評価に関する参考資料
【高等学校　外国語】

令和3年11月12日	初版発行
令和6年2月1日	3版発行

著作権所有　　　　　国立教育政策研究所
　　　　　　　　　　教育課程研究センター

発　行　者　　　　　東京都千代田区神田錦町2丁目9番1号
　　　　　　　　　　コンフォール安田ビル2階
　　　　　　　　　　株式会社　東洋館出版社
　　　　　　　　　　代表者　錦織　圭之介

印　刷　者　　　　　大阪市住之江区中加賀屋4丁目2番10号
　　　　　　　　　　岩岡印刷株式会社

発　行　所　　　　　東京都千代田区神田錦町2丁目9番1号
　　　　　　　　　　コンフォール安田ビル2階
　　　　　　　　　　株式会社　東洋館出版社
　　　　　　　　　　電話　03-6778-4343

ISBN978-4-491-04710-2　　　　　　　定価：本体1,600円
　　　　　　　　　　　　　　　　　　（税込1,760円）税10%